Sicher ist sicher. Bei aller Sorgfalt, die wir in der Recherche haben walten lassen, können sich Öffnungszeiten auch einmal kurzfristig ändern, oder ein Lokal ist gerade an Ihrem perfekten London Wochenende ausgebucht oder geschlossen. Darum empfehlen wir grundsätzlich möglichst weit im Voraus zu reservieren. Ein kurzer Anruf genügt und Sie können sicher sein zur vereinbarten Zeit einen Platz zu finden.

in Kooperation mit smart-travelling GbR, Berlin
Reihe „Ein perfektes Wochenende in ...“

Idee und Konzept: Nicola Bramigk, Nancy Bachmann
Texte: Judith Homoki
Fotos: Katharina Gossow
Projektleitung: Dirk Rumberg; Produkt Manager: Gabriella Hoffmann
Umschlaggestaltung: Verena Bettin, e27, Eberhard Wolf
Art Direktion: Verena Bettin, e27, Judith Homoki
Illustration: Verena Bettin Stadtkarte: Merle Schröder
Redaktion: Nicola Bramigk, Nancy Bachmann, Renate Bugyi-Ollert

Produktion: JournalMedia GmbH, München
Herstellung: H. Weixler, T. Neseker
Druck und Bindung: Holzhausen Druck & Medien GmbH, Wien

Printed in Austria
2. aktualisierte Auflage 2008

ISBN: 978-3-86615-419-3

SMART
TRAVELLING

EIN PERFEKTES WOCHENENDE IN ...
LONDON

☞

www.smart-travelling.net

LIEBLINGSADRESSEN IN LONDON

Hotel: The Soho Hotel
4 Richmond Mews, London – Soho
Tel: 0044 (0)20 75593000
Seite 8

Hotel: Harlingford Hotel
61–63 Cartwright Gardens,
London – Bloomsbury
Tel: 0044 (0)20 73871551
Seite 16

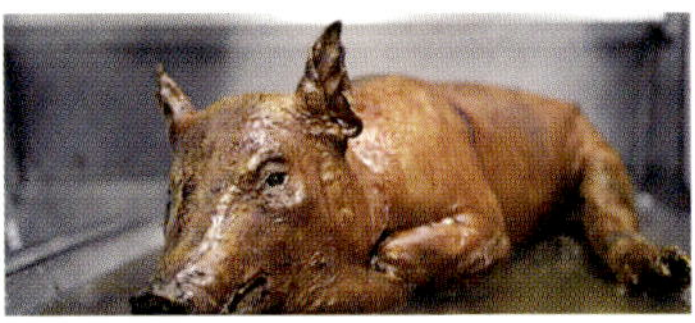

Restaurant: St. John
26 St. John Street, London – Clerkenwell
Tel: 0044 (0)20 72510848
Seite 22

Restaurant: Fryer's Delight
19 Theobald's Road,
London – Holborn
Tel: 0044 (0)20 74054114
Seite 34

Restaurant: Rasa Samudra
5 Charlotte Street, London – Soho
Tel: 0044 (0)20 76370222
Seite 40

Restaurant: Canteen
2 Crispin Place, London – Shoreditch
Tel: 0044 (0)845 6861122
Seite 52

☞ Weitere Adressen finden Sie unter www.smart-travelling.net

Café: Brick Lane Bakery

159 Brick Lane, London – East End

Tel: 0044 (0)20 77290616

Seite 58

Café: The Wolseley

160 Piccadilly, London – Piccadilly

Tel: 0044 (0)20 74996996

Seite 64

Bar: The Eagle

159 Farringdon Road

London – Clerkenwell

Tel: 0044 (0)20 78371353

Seite 68

Shop: Fortnum & Mason

181 Piccadilly, London – Piccadilly

Tel: 0044 (0)20 77348040

Seite 74

Shop: Paxton & Whitfield

93 Jermyn Street, London – St. James

Tel: 0044 (0)20 79300259

Seite 82

Gut zu wissen

Tipps, Ausflüge, Spaziergänge

Seite 89

CAFE ~ RES

PLANET LONDON

7 Millionen Einwohner, 5 Flughäfen, Tausende von Restaurants, dutzende Schlösser und Paläste. Wo anfangen und wo enden. London kennen zu wollen gleicht dem Vorhaben sich mal eben ein Bild von der Erde zu machen. Denn London hat einfach mehr ganz Spezielles und wundervoll Normales zu bieten als jede andere Stadt. Phantastische Kunstsammlungen, traumhafte Parks, großartige Restaurants, herrliche Taxis, haufenweise Celebrities und Unmengen von gutem Geschmack.

London hat es, London macht es, London kann es. Mit beneidenswertem Selbstvertrauen wird hier die Zukunft beim Schopfe gepackt, die Kraft kann nur aus den soliden Wurzeln britischer Tradition erwachsen. Londoner lieben es eben Londoner zu sein. Eine große Portion Optimismus gehört einfach dazu. Um mitmachen zu dürfen, muss man zum Glück nicht hier geboren sein. Wenn man die wichtigsten britischen Spielregeln Höflichkeit, Lässigkeit und freundliche Distanziertheit beachtet und sich selbst nicht zu ernst nimmt, springt der Funke ganz automatisch über. Das *Schön ist es auf der Welt zu sein Gefühl* stellt sich ein. Sobald man am Morgen den blauen Himmel zwischen einem Meer von dunkelroten verwitterten viktorianischen Schornsteinen aufblitzen sieht, kann es losgehen. London ist bereit. Genießen Sie es. Dieses eine Mal, und dann immer, immer wieder.

THE
SOHO HOTEL
London

THE SOHO HOTEL

Nördlich vom Piccadilly Circus beginnt ein kleines Gewirr von Straßen, das mehr Songs, Skandale, Filme, Bücher und Ideen hervorgebracht hat als irgendeine andere Quadratmeile auf der Welt. Soho. Mit seinen Bars, Restaurants, Theatern und dem ein oder anderen übrig gebliebenen Striptease-Lokal gehört es seit jeher zu den nachtaktivsten Gegenden Londons. Nur stilvoll schlafen konnte man hier lange nicht. Das hat sich mit dem Soho Hotel geändert. Wie ein großer moderner Luxusdampfer liegt es in einer kleinen ruhigen Seitenstraße. Seine Vergangenheit als Parkhaus ist ihm nicht mehr anzusehen. Designerin Kit Kemp hat das Interieur unkonventionell und bunt inszeniert. Hier verschmelzen Spaß, Entertainment und Tradition.
Big. Bold. Beautiful. Unnötig zu erwähnen, dass in den großzügigen Zimmern mit extrabreiten komfortablen Betten jedes Detail stimmt. Zuvorkommendes Personal in dunkelgrauen Mark-Powell-Maßanzügen, gemütliche Salons mit bequemen Sofas, offenen Kaminen und eine lange glamouröse Bar machen es zum Prototyp des modernen, lässigen Grand Hotels.

The Soho Hotel Adresse: 4 Richmond Mews, London – Soho
Tel: 0044 (0)20 75593000 Email: soho@firmdale.com
Internet: www.firmdale.com Zimmer: 91 DZ und Suiten, DZ ab £ 330
U-Bahn: Piccadilly Circus

Ein Gespräch mit Craig Markham

Marketing Direktor der Firmdale Hotels

Ihre Hotels bringen britischen Stil, Modernität und perfekte Gastlichkeit auf den Punkt, wie fing das alles an?

Mit dem Fahrrad von Tim Kemp. Der Gründer der Firmdale Group hat jedes unserer späteren Hotels als heruntergekommene Immobilie auf seinen Streifzügen mit dem Fahrrad durch London entdeckt.
Das Covent Garden Hotel zum Beispiel war ein ehemaliges französisches Krankenhaus, es stand viele Jahre leer. Wir hatten damals bereits erfolgreiche Hotels in Kensington, dennoch war es schwer Geldgeber zu finden. Touristen kamen zum Shoppen nach Covent Garden und um ins Theater zu gehen, aber keiner glaubte, dass sie hier auch wohnen wollen würden.

Aber das Ehepaar Kemp sah das Potential?

Ja, sie haben mit ihrer Vision ins Schwarze getroffen, das Hotel hat die ganze Gegend verändert und inspiriert. Die Mischung aus modernem Landhaus-Stil und Club-Atmosphäre hat den Leuten von Anfang an gefallen, viele unserer Gäste sind aus der Filmbranche, sie lieben den diskreten Stil des Covent Garden. Geschützt, privat, aber dennoch öffentlich.

Wer ist für den Stil der Einrichtung verantwortlich?

Kit Kemp entwickelt mit ihrem Mann Tim zusammen die Grundidee, denn jedes unserer Hotels hat einen eigenen Charakter, das Soho Hotel ist sicher das modernste. Es heißt nicht nur Soho, es ist auch wie Soho, lebendig, überraschend, plakativ. Bei uns kommt nichts von der Stange, Kit beschäftigt sich mit jedem einzelnen Detail, sucht die Stoffe aus, lässt einen Großteil der Möbel eigens anfertigen. Glatte Perfektion findet sie langweilig, bei ihr ergänzen sich die Dinge oft auf überraschende Weise. Weil sie Auftraggeber und Designer in einem ist, kann sie mehr wagen und kommt zu ungewöhnlicheren Ergebnissen. Alles ist aus einem Guss, aber trotzdem sehr individuell.

☞ Eines schöner als das andere

Eine Hoteladresse alleine ist in London viel zu wenig, denn die schönsten Zimmer sind oft ausgebucht. So ist es ein wahrer Segen, dass der Firmdale Group mittlerweile sechs makellose Hotels in den attraktivsten Gegenden Londons angehören. Jedes für sich etwas ganz Besonderes.

Covent Garden Hotel
Ein modernes Landhaus mitten in London. Voller eleganter Bequemlichkeit, schöner Stoffe und liebevoller Details.

Charlotte Street Hotel
Das ehemalige Lagerhaus ist nun das Zentrum der lebendigen Straße in Bloomsbury, gesäumt von Cafés und netten Restaurants.

The Pelham Hotel
Der gediegene Klassiker unter den Firmdale Hotels. Üppig, gemütlich, floral. Der Landadel fühlt sich hier ganz wie zuhause.

Number Sixteen
Es ist, als wenn man immer in Chelsea leben würde. Zuckerbäcker-Fassaden, helle freundliche Zimmer, ein kleiner Garten, hier möchte man bleiben.

Haymarket Hotel
Der neueste Coup des Ehepaars Kemp, direkt hinter der Nationalgalerie, mit Restaurant, Gym und erstmals sogar einem Swimming Pool. Zurzeit das angesagteste Hotel in London, wenn man es sich leisten kann.

Buchungen für alle Firmdale Hotels über www.firmdalehotels.com. Erwähnen Sie, dass Sie auf Empfehlung von smart-travelling kommen, wenn immer möglich, erhalten Sie dann ein Upgrade.

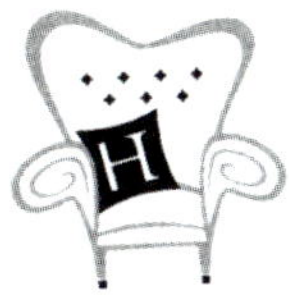

HARLINGFORD HOTEL

Ein einfaches sympathisches Hotel in zentraler ruhiger Lage zu einem bezahlbaren Preis muss man in dieser Stadt lange suchen. Das Harlingford Hotel ist eines dieser seltenen Exemplare.

Es liegt, wie es sich gehört, an einem privaten Garten mit eigenem Tennisplatz, hat einen kleinen Salon mit obligatorischem Kaminfeuer, freundliche Zimmer mit modernen Bädern und ein im Preis eingeschlossenes English Breakfast. Alles ist im Rahmen des schmalen Budgets schön und ansprechend gestaltet.

Unbedingt erwähnen sollte man noch den enthusiastischen Besitzer, er leitet das kleine Hotel in der dritten Generation und fragt sich manchmal selbst, warum es, bei all dem was es bietet, noch immer so günstig ist.

Harlingford Hotel Adresse: 61–63 Cartwright Gardens – Russell Square, London – Bloomsbury
Tel: 0044 (0)20 73871551 Email: book@harlingfordhotel.com
Internet: www.harlingfordhotel.com Zimmer: 43, £ 110 für ein DZ mit Frühstück U-Bahn: Russell Square, Euston, Kings Cross
Tipp: Das Hotel verfügt über 3 Familienzimmer mit jeweils 4 Betten, rechtzeitige Reservierung ist unbedingt empfehlenswert.

HARLINGFORD
HOTEL

☞ Bed & Breakfast

Die Übernachtungspreise sollten einem den Spaß an London auf keinen Fall verderben. Denn auch hier gibt es wie überall in England Menschen, die ein oder mehrere Zimmer ihrer Privathäuser an Bed & Breakfast-Gäste vermieten. Den British Way of Life gibt es dann gleich inklusive.

Hampstead Village Guesthouse

Im Norden von London am feinen Hampstead gelegen. Ein gemütliches viktorianisches Haus mit eigenem Garten.
www.hampsteadguesthouse.com

Uptownres

Eine kleine Bed&Breakfast-Agentur mit unterschiedlichen ausgewählten Häusern in den schönsten Teilen Londons.
www.uptownres.co.uk

The Main House

Mini-Hotel mit sympathischer Gastgeberin im Herzen von Notting Hill.
www.themainhouse.co.uk

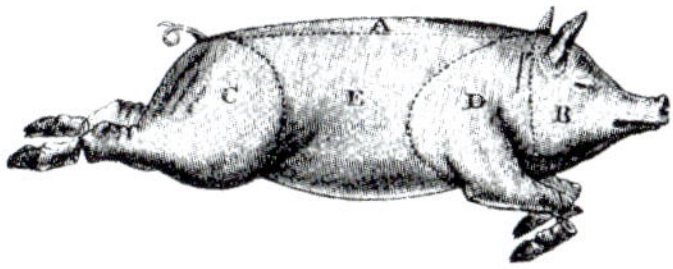

ST. JOHN

Im Oktober 1994, als die gefürchtete *mad cow disease* Hunderttausende von Engländern in das Lager der Vegetarier überlaufen ließ, eröffnete gleich neben Smithfield, Londons zentral gelegenem Fleisch-Großmarkt, das St. John. Wahrzeichen: eine fliegende Sau. Motto: *Nose to tail eating*. Mission: Zurück zur ehrlichen englischen Küche. Methode: Es wird gegessen, was aus dem Stall kommt. Klar, dass man dies in der damals noch stark von Sushi geprägten Londoner Restaurant-Szene vollkommen abwegig fand. Bis auf eine kleine Schar von unverbesserlichen Fleischessern aus dem angrenzenden Markt und den umliegenden Zeitungsredaktionen traute sich kaum einer hinein. *Die essen doch alles, vielleicht auch Gäste?*

So hatte das St. John die einmalige Chance, langsam und unbemerkt zur Slow Food-Ikone heranzuwachsen. Jetzt, wo der Trend, den das St. John vor Jahren mit ausgelöst hat, ganz England ergreift, steht es in vollem Rampenlicht. Ehrliche unverfälschte Hausmannskost wollen jetzt auch Madonna und Konsorten, so strömen sie in Scharen in die Räume der weiß getünchten ehemaligen Räucherei. Das St. John hat das zum Glück nicht verändert. Wer täglich ein bis zwei Schweine, Schafe oder Kälber auseinandernimmt, den können auch Herden von Celebrities nicht aus der Ruhe bringen.

St. John Adresse: 26 St. John Street, London – Clerkenwell
Tel: 0044 (0)20 72510848 Internet: www.stjohnrestaurant.com
Öffnungszeiten: Montag – Freitag 12.00 – 15.00 Uhr, Montag – Samstag 18.00 – 23.00 Uhr Bar: Montag – Freitag 11.00 – 23.00 Uhr, Samstag ab 18 Uhr, Sonntag geschlossen U-Bahn: Farringdon

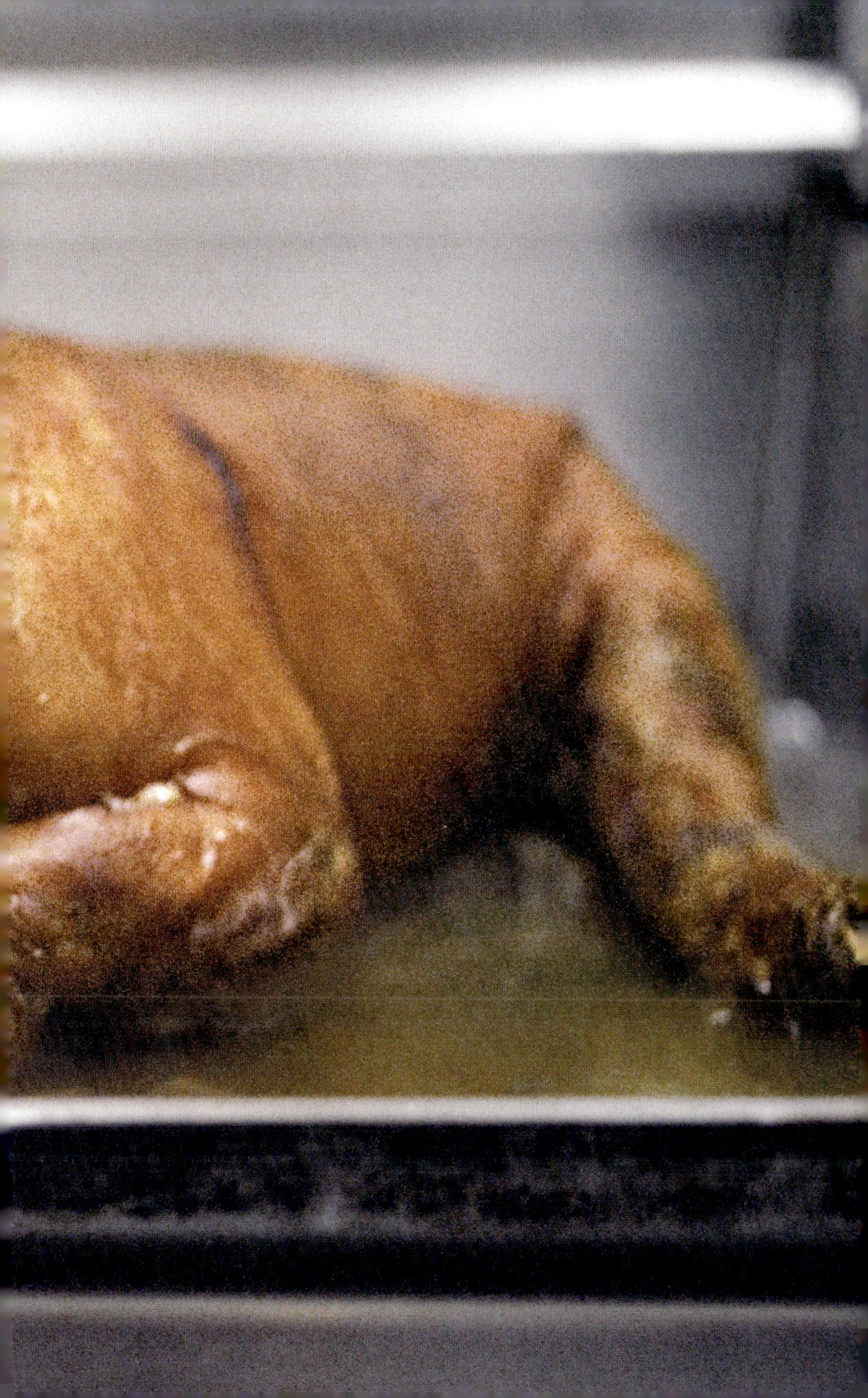

Ein Gespräch mit Trevor Gulliver

Besitzer des St. John und Partner des Küchenchefs Fergus Henderson

Welches Gericht auf der Karte können Sie heute besonders empfehlen?

Die Karte habe ich heute noch gar nicht gesehen, das machen die Köche alleine, sie sichten die Lieferungen und entscheiden dann, was sie daraus machen. Vieles bestellen wir gar nicht konkret, unsere Lieferanten bringen uns einfach ihre besten Produkte. Englischer Spargel landet beispielsweise bei uns, sobald er aus dem Boden sprießt, wir bekommen ihn leider oft nur in sehr kleinen Mengen, dann gibt es eben nur wenige Portionen, das sind unsere Specials.

Sind es vorwiegend traditionelle Rezepte, nach denen Sie hier kochen?

Eigentlich nicht, uns ist wichtig, dass die Küche einfach ist, unkompliziert, selbstverständlich. Das passiert nicht aus irgendeiner Tradition heraus, sondern weil es für uns Sinn macht. Dazu gehört, dass wir großen Respekt haben vor den Dingen, die wir verarbeiten. Zuallererst vor den Tieren.

Darum verwenden wir auch möglichst alles von einem Tier. Die frisch geschlachteten Schweine, Kälber und Schafe werden im Ganzen geliefert. Wir zerlegen sie hier und entscheiden dann, was auf die Karte kommt. Dazu gehören nun mal auch Innereien, sie haben eine phantastische Textur und tolle Aromen, so etwas auch auf die Karte zu setzen ist nur eine logische Konsequenz. Wenn ich ein Schwein schlachte, kann ich doch nicht nur die Hinterschinken verwenden, oder?

Sie sind also keine fanatischen Fleischesser?

Nein, ganz und gar nicht, wir lieben Tiere, nicht nur auf dem Teller. Mit unseren Produzenten verbinden uns lange persönliche Beziehungen. Wenn wir hier ein Kalb auftischen, ist seine Mutter und Oma wahrscheinlich auch schon im St. John über den Tresen gegangen.

Auch das Brot wird hier gebacken, trauen Sie denn niemandem?

Oh doch, es gibt mittlerweile tolles Brot in London, das Bewusstsein für Qualität hat sich zum Glück sehr stark verbessert. Aber Brotbacken gehört für uns einfach dazu.

Wenn man morgens um 4 Uhr aufsteht, um den Teig zu kneten, bekommt man grundsätzlich eine ganz andere Einstellung zum Essen.

Der Duft von frisch gebackenem Brot überall im St. John, das fühlt sich genau richtig an. Und darum geht's uns.

☞ St. John Bread & Wine

Mittlerweile ist es nicht mehr ganz einfach im St. John in Smithfield einen Platz zu bekommen. In dem jüngeren Ableger St. John Bread & Wine gegenüber dem Spitalsfield Market im Londoner East End klappt es dagegen immer.
Der große Raum mit offener Küche ist eine Mischung aus Bistro und Restaurant. Man kann mit dem Frühstück beginnen und sich dann über das Mittagessen bis zum Abend genüsslich durch das saisonale Angebot futtern. Ab 12.00 Uhr gibt es eine kleine Karte mit warmen oder kalten Gerichten, Fleisch, Gemüse, Fisch, Suppen, Räucherwaren und köstlichen Desserts.
Alles typisch St. John. Einfach und unnachahmlich gut. Die Gerichte werden wie Tapas auf kleinen Tellern serviert, die man sich sehr gut teilen kann.
Ziel ist das Cal Pep* feeling wie Trevor Gulliver sagt.

* Cal Pep ist eine legendäre Tapas Bar in Barcelona. Siehe „Ein perfektes Wochenende in ... Barcelona“ und www.smart-travelling.net.

St. John Bread & Wine
Adresse: 94–96 Commercial Street, London-Spitalfields
Telefon: 0044 (0)20 72510848, Internet: www.stjohnbreadandwine.com
Öffnungszeiten: Montag – Freitag 9.00 – 23.00 Uhr,
Samstag 10.00 – 23.00 Uhr, Sonntag 10.00 – 22.30 Uhr
U-Bahn: Liverpool Street

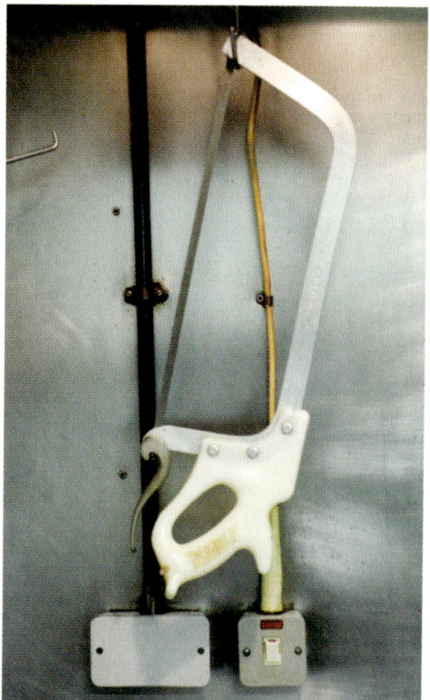

☞ Die legendäre englische Küche

Die englische Küche. Kann man das überhaupt sagen? Gilt sie nicht in großen Teilen der Welt als vollkommen ungenießbar? Zu unrecht. Denn die englische Küche kann eigentlich gar nichts für ihren schlechten Ruf.
Tatsache ist, dass in England seit Mitte des vorletzten Jahrhunderts mehr Stahl als Stew gekocht wurde. Die Industrielle Revolution krempelte das ganze Land um und sorgte dafür, dass mehr und mehr Frauen ihren Platz am Herd gegen bezahlte Arbeit in der Fabrik tauschten. Und schon ein paar Generationen später hielt es jeder für selbstverständlich, dass traditionelles englisches Essen nicht aus Omas Backofen, sondern aus den Kühlregalen von Marks & Spencer kam. Nach und nach verlor das Land sein kollektives kulinarisches Bewusstsein. Wie ein richtiger Pie zu schmecken hatte, wusste kaum jemand mehr.
Zum Glück hat sich das seit einigen Jahren geändert. TV-Köche erreichen höchste Einschaltquoten und *british food is the thing to eat*. Supermärkte bieten mittlerweile eine große Auswahl an *organic food products* an, traditionelle Food-Märkte erwachen wieder zum Leben. Das gigantische Angebot des Borough Market im Süden Londons lässt auch kontinental-europäische Feinschmeckerherzen höher schlagen. *Britain goes organic* und das schmeckt nach Jahrhunderten endlich wieder richtig gut.

Geröstetes Knochenmark mit Petersiliensalat

2–3 Kalbsknochen
glatte Petersilie
1 Schalotte
6 Kapern
Essig, Öl
Meersalz
geröstetes Sauerteigbrot

Das bekannteste Gericht des St. John und das Einzige, das immer auf der Karte zu finden ist.

Beim Fleischer Kalbsröhren-Knochen (mittlerer Beinknochen) vorbestellen und in 15 cm lange Stücke sägen lassen. Die Knochen auf ein Backblech legen und im 200 Grad heißen Ofen ca. 20 Minuten braten.

Währenddessen Petersilie, Schalotten und Kapern getrennt fein hacken und nach Geschmack mit Essig und Öl anmachen.

Wenn sich das Mark leicht von den Seiten trennt, ist es gar. Den Ofen sollten Sie unbedingt zwischendurch kontrollieren, das Mark darf nicht komplett schmelzen und herausfließen.

Knochen mit Salat und geröstetem Brot servieren.

Mit einem langen Messer wird das Mark aus dem Knochen gekratzt, auf dem Brot verteilt und mit Salat und grobem Meersalz bestreut.

THE FRYER'S DELIGHT
Take Away Menu
ROCK
PLAICE
HADDOCK
COD
SKATE
CODS ROE
FISH CAKE
CHEESE ONION PIE
STEAK & KIDNEY PIE
CHICKEN PIE
CORNISH PASTIE
SAVELOY
SAUSAGE
SAUSAGE IN BATTER
CHICKEN
PICKLED CUCUMBER
PICKLED ONIONS
TARTARE SAUCE
TOMATO SAUCE
CHOP SAUCE
PEAS
BAKED BEANS
TEA
COFFEE
ALL CANNED DRINKS
PLEASE CHECK
YOUR CHANGE

FRYER'S DELIGHT

An der Wand hängt ein Schild mit der Aufschrift: *for many the best fish and chips shop in London.* Wer einmal in den mit Essig beträufelten saftigen *haddock* des Fryer's Delight gebissen hat, wird sich diesem Urteil ohne Zweifel anschließen.

Die roten Kunstlederbänke und Resopalplatten-Tische strahlen die angenehme Nostalgie der guten alten 70er Jahre aus. Hier stimmt alles, vom freundlich grüßenden Fisch auf dem Logo bis zu den von Hand geschnittenen knusprig frittierten Kartoffeln. Frischester *cod,* Kabeljau, und *haddock,* Schellfisch, wird in dicken Bierteig getaucht und in Rindertalg goldgelb ausgebraten.

Dass der Fischbratduft noch lange in den Kleidern hängt und einen auf Schritt und Tritt begleitet, stört keinen der vielen Stammkunden und gehört bei Fish & Chips wie Essig und Worcester-Sauce einfach dazu.

Fryer's Delight Adresse: 19 Theobald's Road, London – Holborn
Tel: 0044 (0)20 74054114
Öffnungszeiten: Montag – Samstag 12.00 – 22.00 Uhr, Sonntag geschlossen
U-Bahn: Holborn

THE FRYER'S DELIGHT
Take Away Menu
HADDOCK
COD
SKATE
CODS ROE
FISH CAKE
CHEESE-ONION PIE
STEAK & KIDNEY PIE
CHICKEN PIE
CORNISH PASTIE
PICKLED CUCUMBER
PICKLED ONIONS
TARTARE SAUCE
ALL CANNED DRINKS
ROLL AND BUTTER
BREAD AND BUTTER
PLEASE CHECK YOUR CHANGE

ANY TIME. ANY PLA E. ANY C
CLOSED
CLOSED

Coca-Cola

☞ Fish & Chips

Was hat England nicht alles diesem Gericht zu verdanken. Seit fast 150 Jahren wird ein ganzes Volk davon satt. Zwar gibt es mittlerweile starke Konkurrenz von Kebabs und Hamburgern, aber der Londoner schwört nach wie vor auf seinen *chippie* um die Ecke.

1860 eröffnete in Londons East End der erste Fish & Chips Shop und die hungrigen Arbeiter der umliegenden Docks ließen das Geschäft bald aufblühen. Seitdem es eine schnelle Eisenbahnverbindung an die Küste gab, wurde Fisch täglich frisch nach London geliefert und tonnenweise ausgebraten. Das preisgünstige, nahrhafte Gericht besiegte die damals immer noch bedrohlich starken Hungersnöte unter der armen Londoner *Working Class*. Egal wie wenig Geld man hatte, Fish & Chips konnte man sich immer noch leisten, auch im Ersten und Zweiten Weltkrieg wurden Fish & Chips nicht rationiert, füllten die Mägen und stärkten die Moral.

RASA SAMUDRA

Knackiges Gemüse hat das Leben von Das Sreedharan, dem Gründer der Londoner Rasa Restaurants, seit jeher bestimmt. Geboren im südindischen Kerala half der junge Das schon früh seiner leidenschaftlich kochenden Mutter im eigenen Gemüsegarten und in der Küche. Als er 1990 zum Studieren nach London kam und mit den mittelmäßigen Restaurants seiner Landsleute konfrontiert wurde, zwang ihn die Verzweiflung selbst ein viel besseres zu eröffnen. Mittlerweile sind es sieben Restaurants geworden, alle im gleichen leuchtenden Pink gestrichen, das jetzt sein Markenzeichen ist. Die Köche aller Restaurants werden persönlich von seiner Mutter in Indien ausgebildet, sie transportieren ihre Leidenschaft in jedes der wundervollen südindischen Gerichte.

Die sieben Rasa Restaurants sind nicht alle gleich. Immer wird die vegetarische Küche durch eine besondere Zutat ergänzt, in der Charlotte Street gibt es beispielsweise auch Gerichte mit Meeresfrüchten. Fish Coconut Curry und Lemon Rice, wie es nur eine liebende indische Mama zubereiten kann.

Rasa Samudra Adresse: 5 Charlotte Street, London – Soho
Tel: 0044 (0)20 76370222 Email: info@rasarestaurants.com
Internet: www.rasarestaurants.com
Öffnungszeiten: Täglich 18.00 – 23.00 Uhr, Lunch Montag – Samstag 12.00 – 15.00 Uhr U-Bahn: Tottenham Court Road

PULL

Ein Gespräch mit Das Sreedharan

Besitzer und Seele der Rasa Restaurants

Was bedeutet Essen für Sie?

Sehr viel mehr als nur satt zu werden. Ein gutes Essen gibt einem das Gefühl zu Hause zu sein, es lässt uns alle Sinne erleben und erinnert uns daran das Leben in jedem Augenblick zu genießen.

Gibt es ein Gericht, bei dem das für Sie ganz besonders zutrifft?

Mein Lieblingsgericht aus der Kindheit vereint all das Wunderbare, was Essen für mich bedeutet: Moru Kachiathu, ein Curry aus Kochbananen und reifen Mangos, meine Mutter hat es für mich gekocht und nur die besten Früchte aus unserem Garten verwendet.

Steht es auch auf Ihrer Karte?

Natürlich, genau wie viele andere Gerichte, die meine Mutter für mich zubereitet hat. Ich hatte großes Glück und bin dafür sehr dankbar. Essen ist ein wichtiges Kulturgut, das man pflegen muss. Es ist schlimm zu sehen, wie die Menschen durch minderwertiges Fast Food den Bezug zu wirklichem Essen verlieren.
Darum gebe ich in meiner Koch-Schule in Kerala und hier in Londoner Schulen mein Wissen und meine Kochleidenschaft an Kinder weiter.

Moru Kachiathu

Kochbananen und Mango Curry

In einem kleinen Topf Wasser aufsetzen, salzen und 1 Teelöffel Kurkuma-Pulver dazugeben, die Bananenscheiben in 10 Minuten darin gar kochen, abgießen und zur Seite stellen.
In einer großen Pfanne das Öl erhitzen, die Senfsamen dazugeben. Wenn sie anfangen zu springen, Zwiebel, Curry-Blätter, rote Chilis, grüne Chilischote, gehackten Ingwer und Salz beifügen und unter kräftigem Rühren eine Minute rösten.
Das restliche Kurkuma-Pulver unterrühren und die Pfanne vom Feuer nehmen.
Vorsichtig den Jogurt, die Bananenstücke und die Mango unterheben. Noch einmal unter ständigem Rühren leicht erhitzen, das Curry darf jedoch nicht kochen, lauwarm mit Reis oder indischem Brot servieren.

Zutaten:
1 kleine rohe Kochbanane, geschält und in dünne Scheiben geschnitten
2 Teelöffel Kurkuma-Pulver
2 Teelöffel Öl
1 Teelöffel Senfsamen
1 kleine Zwiebel, fein gehackt
20 Curry-Blätter, frisch oder getrocknet
2 getrocknete rote Chilis
1 grüne Chilischote, in der Mitte geteilt
1 kleines Stück frischen gehackten Ingwer
400 ml Jogurt
1 kleine reife Mango, geschält und in dünne Scheiben geschnitten

☞ A Passage to India

Das erste indische Restaurant Londons wurde 1773 eröffnet, seine Gäste waren britische Offiziere, die nach der Rückkehr aus Indien Sehnsucht nach der exotischen Küche hatten. Heute stammen über 10 Prozent der Londoner Bevölkerung aus Indien, Pakistan und Bangladesch, entsprechend groß ist die Zahl der exzellenten Restaurants. Die besten finden sich jedoch nicht im touristischen Central London, sondern in den Bezirken, in denen auch ihre indischstämmigen Gäste zu Hause sind. Wer die unterschiedlichen regionalen Küchen Indiens kennen lernen will, muss also nur in die U-Bahn oder ins Taxi steigen.

☞ Lahore Kebab House

Das beste Lamm-Curry Londons gibt es in einer ziemlich schäbigen kleinen Seitenstraße in East Aldgate, nur eine kurze Taxi-Fahrt von der Londoner City entfernt. Butterzarte Chicken Kebabs werden hier über offenem Feuer gebraten, alle Gerichte sind typisch für die kraftvolle nordindische Küche.

Übersehen Sie großzügig das grässliche Ambiente, das Essen ist einfach himmlisch.

Adresse: 2–4 Umberston St., London E1
Tel: 0044 (0)20 74882551
Täglich 12.00 – 2.00 Uhr, last order 23.30 Uhr
U-Bahn: Aldgate East
Internet: www.lahorekebabhouse.com

Keine Kreditkarten, keine Alkohol-Lizenz. Wein und Bier können im gegenüberliegenden Liqueur Store erworben und mitgebracht werden.

Kastoori

45 Minuten Taxifahrt müssen sie von Central London in Kauf nehmen, um die raffinierten Vorspeisen, Brote und Currys der vegetarischen Küche der Region Gujarat kennen zu lernen. Wer einmal da war, kommt immer wieder.

Adresse: 188 Upper Tooting Road, London SW 17
Tel: 0044 (0)20 87677027
Täglich 18.00 – 22.30 Uhr, Mittwoch bis Sonntag 12.30 – 14.30 Uhr
U-Bahn: Tooting Broadway

Diwana Bhel Poori House

In der Nähe der Euston Station gelegenes authentisches südindisches Restaurant. Spezialität sind die knusprigen gefüllten Dosa-Brote und milde Kokosnuss-Currys.

Adresse: 121–123 Drummond St., London NW1
Tel: 0044 (0)20 7387 5556
Täglich 12.00 – 23.00 Uhr
U-Bahn: Euston

Boleyn Cinema

Wenn Sie dann so richtig auf den Geschmack Indiens gekommen sind, haben Sie vielleicht Lust sich dazu passend einen spektakulären Bollywood-Film im dafür bekannten Boleyn Cinema anzusehen.
Es ist etwa 20 Taximinuten von der Londoner City entfernt.

Adresse: 7–11 Barking Rd, London E6
Tel: 0044 (0)20 84714884
U-Bahn: Upton Park

CANTEEN

CANTEEN

Pie mit Erbsen und Kartoffelpüree, *maccaroni and cheese*, Braten mit Chips und Matscherbsen, klingt wie das Menü einer englischen Kantine? Das ist es auch. Das Restaurant Canteen, in der Nähe der Liverpool Station hat es sich zur Aufgabe gemacht, englische Leib- und Magen-Speisen auf den Punkt zubereitet in lässigem Ambiente zu servieren. Auch Frühstück-Evergreens wie *marmite toast, bacon sandwich* und geräucherter Hering sind hier zu haben. Dazu gibt es das ganze Repertoire englischer Desserts, vom *fruit crumble* bis zum *steamed ginger pudding*. Man sitzt an langen Tischen, wie es sich für eine einfache Kantine gehört und kommt schnell mit den Nachbarn ins Gespräch. Unter der Woche sind es meist City Banker, die zum Lunch oder frühen Abendessen hierher kommen. Am Sonntag ist das Canteen Brunch-Adresse für die Besucher des Spitalfields Market. Darum empfehlen wir früh zu kommen, erst zu frühstücken und dann den Bummel über den Spitalfields Food- und Design-Markt in Richtung Brick Lane Flohmarkt zu beginnen.

Canteen Adresse: 2 Crispin Place, Spitalfields, London – Shoreditch Tel: 0044 (0)845 6861122 Internet: www.canteen.co.uk Email: spitalfields@canteen.co.uk Öffnungszeiten: Montag – Freitag 8.00 – 23.00 Uhr, Samstag und Sonntag 9.00 – 23.00 Uhr U-Bahn: Liverpool Station

Potted Shrimps

Butter klären, in einem Topf erwärmen und gut eine Stunde kochen lassen, bis das ganze Wasser verdampft ist.
Nordseekrabben und Limonensaft in die Butter geben, noch einmal für ca. 15 Minuten aufkochen, mit Muskatblüte und Pfeffer würzen.
Masse in kleine Pastetenformen oder Einmachgläser gießen, im Kühlschrank fest werden lassen.

Mit geröstetem Toast oder Sauerteigbrot servieren.

Zutaten:
500 g Butter
Saft einer Limone
200 g geschälte Nordseekrabben
Cayenne-Pfeffer
Muskatblüte

BREAD ROLLS & BEIGELS
BEIGEL 18
PLATZEL 18
ONION PLATZEL 20
ROLL 18
LARGE RYE BREAD 100
SMALL RYE BREAD 55
LARGE WHITE BREAD 95
SMALL WHITE BREAD 50
BLACK BREAD 55
LARGE CHOLA 130
SMALL CHOLA 80
BABY CHOLA 30
CHOLA ROLL 25
LARGE WHOLEMEAL 100
SMALL WHOLEMEAL 55
ADD 5p FOR CUT
PASTRIES
DANISH PASTRY 50
CROSSANTS 45
APPLE TURNOVER 45
ECCLES 45
APPLE STRUDEL 50
CHEESE CAKE 60
APPLE SLICE 50
MUFFINS 50
FRESH CREAM CAKES 70
CHOCOLATE FUDGE 60
CARROT CAKE 60
COCONUT SLICE 60
DOUGHNUT 30
FILLED BEIGELS & ROLLS
SMOKE SALMON 120
SMOKE SALMON & CREAM CHEESE 140
BUTTER 25
CHEESE 70
CREAM CHEESE 80
EGG 70
SALAMI 80
CHOPPED HERRING 80
TUNA 90
WITH SALAD 20
MAYONAISE ADD 10p
DRINK
SOUP
TEA
SOFT

BEIGEL BAKE

BRICK LANE BAKERY

Es gibt einen Ort in London, der über alles erhaben ist, den Minister, Nachbarsfrauen, Taxifahrer, Fernsehstars und Feuerwehrleute gleichermaßen lieben und brauchen: die Brick Lane Bakery. 365 Tage im Jahr, Tag und Nacht, rund um die Uhr geöffnet, existiert dieser Ort außerhalb aller normalen zeitlichen Dimensionen. Immer da. Immer frisch. Immer bezahlbar. Endlos, wie die Rundungen der köstlichen Bagels, die diesen Laden täglich zu Tausenden verlassen.

Unter der strengen Herrschaft von Linda, die hier seit 20 Jahren das Zepter fest in Händen hält, beginnen „the boys", zwei rüstige 70-Jährige, jeden Abend gegen 18.00 Uhr mit dem Bagel-Backen. Wochentags wandern bis 4 Uhr morgens rohe Kringel in die Öfen, am Wochenende wird von Freitagabend bis Sonntagmorgen durchgebacken. Sage und schreibe 18p kostet jeder einfache Bagel, filmreife Szenen, die man hier regelmäßig in der bunt gemischten Schlange wartender Kunden beobachten kann, gibt es gratis dazu.

Brick Lane Bakery Adresse: 159 Brick Lane, London – East End
Tel: 0044 (0)20 77290616 Öffnungszeiten: 24 Stunden an 7 Tagen
Spezialitäten: Cream Cheese Bagel, Cheese Cake Tipp: Ab 19.00 Uhr kommen die Bagels täglich frisch aus dem Ofen. U-Bahn: Shoreditch

BEIGEL
BRICK LAN
No. 159
OPEN 24 HOU

BAKE
BAKERY
S 7 DAYS Tel. 071-729 0616
HOT SA

☞ Rund und gut

Der Bagel ist ein typisch jüdisches Gebäck und tauchte im 17. Jahrhundert das erste Mal auf. Er wird nicht nur gebacken, sondern vorher in sprudelnd heißem Wasser gekocht. Das Loch in der Mitte diente vermutlich dazu, die Bagels auch während des Sabbat zu transportieren, ohne den Teig direkt zu berühren.

Die Beigel Bakery ist die übrig gebliebene Versorgungsstelle einer großen jüdischen Gemeinde, die bis in die 60er Jahre in Brick Lane beheimatet war. Als mehr und mehr neue Einwanderer ins East End zogen, wanderten die jüdischen Familien in bessere Wohngegenden ab. Die Bakery bietet außer Bagels auch weiteres Gebäck und Brote an, darunter einen Weltklasse Käsekuchen, den Sie auf jeden Fall probieren müssen.

The WOLSELEY

THE WOLSELEY

Das Wolseley ist innerhalb kürzester Zeit zu einer festen Größe des Londoner gesellschaftlichen Lebens geworden. Egal ob Frühstück, Lunch, Afternoon Tea oder Dinner. *The Wolseley is the place to be.*

Kein Wunder, stehen doch Chris Corbin und Jeremy King, die beiden Begründer von Restaurant-Legenden wie Le Caprice und The Ivy, hinter dem glamourösen Londoner Grand Cafe. Ihr notorischer Perfektionismus macht den Aufenthalt in dem 1921 erbauten ehemaligen Show-Room der Luxuskarossen Wolseley Motors zum reinen Vergnügen. Der Service ist zuvorkommend, das Silber glänzt einladend und die Eggs Benedict, ach lassen Sie uns lieber nicht von diesen göttlichen Eggs Benedict reden.

Alles, von der aromatischen Erdbeer-Konfitüre bis zu den eleganten Kuchen, wird im Hause selber produziert. Schmale Gurken-Sandwiches, luftige Eclaires und zarte *Scones* werden zu kulinarischen Requisiten auf der von der Londoner Society bevölkerten Bühne. Schauspieler, Autoren, Politiker. *You name it.*

Nur gut, dass das Wolseley groß genug ist, auch einer Schar von Zaungästen Platz zu bieten. Der vordere Teil der Tische ist nicht reservierbar und macht Spontanbesuche jederzeit möglich.

The Wolseley Adresse: 160 Piccadilly, London – Piccadilly
Tel: 0044 (0)20 74996996 Internet: www.thewolseley.com
Öffnungszeiten: Montag – Freitag 7.00 – 24.00 Uhr, Samstag 8.00 – 24.00 Uhr,
Sonntag 8.00 – 23.00 Uhr Spezialität: Egg Benedict U-Bahn: Green Park

BREAKFAST

7am - 11.30am • Weekends 8am - 11.30am

Juices

	Small	Large
Tomato	1.00	1.75
Cranberry	1.00	1.75
Orange	2.00	3.50
Denham's Apple	1.75	3.00
Pomegranate	2.00	3.50
Carrot & Ginger	2.00	3.50

◆ Juice of the Day 2.00 3.50 ◆

VIENNOISERIE

all made on the premises

Mixed Basket 6.50

croissant, pain au chocolat, pain aux raisins, amandine croissant normand, cannelé de bordeaux, choux au fromage

Croissant au Beurre
2.25

Croissant aux Amandes
2.50

Pain aux Raisins
2.50

Fruit Danish
2.50

Double Chocolate Brioche
2.50

Pain au Chocolat
2.50

Croissant au Beurre Normand Salé
2.50

butter and home made preserves .75

Greek Yoghurt	2.75
with pear & apple compote	3.75
with honey & hazelnuts	4.25
Birchermüesli	3.75
Prunes with Orange & Ginger	4.50
Granola	3.75
with banana	4.75
Half Pink Grapefruit	3.75
Fruit Salad	5.75

Hot Breakfast

7am - 11.30am • Weekends 8am - 11.30am

Buttered Crumpets *with preserves*		2.75
Tartine Grillée *with preserves*		3.25
Porridge		4.00
with dried fruit & nuts		5.25
Crispy Bacon Roll		4.50
Crispy Bacon & Fried Egg Roll		6.00
Bagel, Smoked Salmon & Cream Cheese		7.75
French Toast or Waffle	*with maple syrup*	5.50
	with caramelised banana	6.75
	with bacon	8.25
Grilled Kipper with Mustard Butter		8.50

The English 12.75

Eggs of your choice:
fried, poached or scrambled
with Bacon, Sausage, Baked Beans
Tomato, Black Pudding and Mushroom

Fried, Poached or Scrambled Eggs		4.50
2 Boiled Eggs with Soldiers		5.50
Omelette	*gruyère* 7.25	*jambon* 7.50
Eggs Benedict	*small* 5.75	*large* 11.50
Smoked Salmon, Scrambled Eggs and Toasted Brioche		11.50

Omelette Arnold Bennett	8.75
Open Wild Mushroom Omelette	9.75
Smoked Haddock Fishcakes with Poached Eggs	9.75
Fried Duck Eggs with Ayrshire Bacon	10.50
Caviar Omelette	24.00

THE EAGLE

Einer muss den Anfang machen. Michael Berben war so einer, auch wenn er 1990 noch nicht genau wusste, was er tat, als er das Pub The Eagle im mittlerweile schwer angesagten Clerkenwell übernahm.
Eigentlich wollte er ja ein Restaurant aufmachen, aber für Restaurants war es damals, kurz nach der Rezession, eine schlechte Zeit, und Geld hatte er auch nicht. Also lieh er sich was und übernahm das günstigste leer stehende Pub in der Gegend. Da es keine Küche gab, kochte man auf einem großen provisorischen Gasgrill direkt hinter dem Bartresen. Würstchen vom italienischen Metzger um die Ecke, Crostini und Steak Sandwiches, dazu gab es Musik von Tom Waits und natürlich Bier.
Die hungrigen Redakteure des Guardian verstanden gleich, was gemeint war, sie kamen, aßen und schrieben darüber. So wurde das Eagle zu Londons erstem Gastro-Pub und damit zur Legende. Gemäß dem Motto *big flavours* und *rough edges* bekommt man hier nach wie vor eine herzhafte Mischung aus mediterranem und englischem Soul Food, für Soul Mates. Darauf ein Pint. *Cheers*!

The Eagle Adresse: 159 Farringdon Road, London – Clerkenwell
Tel: 0044 (0)20 78371353 Öffnungszeiten: Montag – Samstag 12.00 – 23.00 Uhr,
Küche geschlossen 14.30 – 18.00 Uhr, Sonntag geschlossen
U-Bahn: Farringdon

Big Flavours
& Rough Edges
Recipes from the Eagle
David Eyre & the Eagle cooks

☞ Home sweet home

Man weiß nie, was der Tag bringt. Nur beim Abend kann man sich sicher sein, der wird auf alle Fälle gut, im Local Pub. Jobs ändern sich, Ehen zerbrechen, ja sogar den Fußballverein kann man zur Not wechseln, aber seinem Pub bleibt jeder Londoner treu. Denn Pubs versorgen die Londoner mit ihrem wichtigsten Grundnahrungsmittel. Bier.

Im Mittelalter, als die Seuchengefahr durch schlechtes Trinkwasser besonders hoch war, galt Bier aufgrund des Alkoholgehaltes als einzig sicheres Getränk, an dieser Ansicht scheint sich bei den Londonern bis heute wenig geändert zu haben. Die 1915 zum Erhalt der Produktivität in der Rüstungsindustrie erlassene Sperrstunde sollte die Bürger vor Exzessen schützen, spornt sie jedoch bis heute zum Wett-Trinken an.

Wenn der Wirt um 22.45 Uhr zur *last order* ruft, wird noch einmal hektisch nachbestellt, und ab 23.00 Uhr ergießt sich dann ein Strom betrunkener Anzugträger mit gelockerten Krawatten auf Londons Straßen.

Wer mitmachen möchte, sollte im Vorfeld folgende Dinge beachten: Im Pub wird grundsätzlich an der Bar bestellt und bezahlt, auch das Essen. Meist werden die Getränke auf einem *tab* – zu Deutsch Bierdeckel – geschrieben und am Ende bezahlt. Im Pub kommt man schnell ins Gespräch und wird dann bei der nächsten Runde vom Nachbarn mit einem Bier bedacht. Bestellt wird reihum. Jeder zahlt einmal für alle.

Trinkgeld geben ist verpönt. Der Wirt tut schließlich nur seine Pflicht.

FIRE
EXIT

FORTNUM & MASON

Stets um das Beste bemüht, nutzt Fortnum & Mason sein 300-jähriges Jubiläum dazu, sich fit für die nächsten 100 Jahre zu machen. Das Souterrain wurde ausgebaut, die Verkaufsfläche vergrößert und das vorher schon paradiesische Angebot noch einmal kräftig aufgestockt.

Betrachten wir nur einmal die Marmeladen, 56 Sorten an der Zahl. Übertrieben? Ja, aber auf sehr angenehme Weise. Wenn man genau hinschaut, möchte man auch wirklich auf keine verzichten, genauso geht es einem mit den 35 Honigsorten, den zahllosen Keksen, Tees, Schokoladen und Chutneys. Ach ja Chutneys, ein ganzes Regal voll, teilweise sind sie nach den aus den Kolonien zurückgekehrten Generälen und Majoren benannt, die ihre persönlichen Lieblingsrezepturen bei Fortnum in Auftrag gaben.

Ein Spaziergang zwischen wundervoll gestalteten Päckchen und Gläsern ist ein Kurs in britischer Lebensart. Hier lernt man die unterschiedlichen Schnitttechniken für Orangenschalen in Marmeladen und die Besonderheiten des 1930 sehr modernen Smoky Earl Grey Tees zu schätzen. Auch dass die erste Mount Everest Expedition 1922 ohne 60 Fortnum & Mason-Dosen mit Wachteln in Foie Gras unmöglich hätte starten können, wird einem schlagartig klar.

Fortnum & Mason Adresse: 181 Piccadilly, London – Piccadilly
Tel: 0044 (0)20 77348040 Internet: www.fortnumandmason.com
Öffnungszeiten: Montag – Samstag 10.00 – 20.00 Uhr,
Sonntag 12.00 – 18.00 Uhr

FORTNUM & MASON
PICCADILLY SINCE 1707
Our
PICCADILLY
PICCALILLI
delicious with English cheeses
and all sorts of savoury pies

FORTNUM&MASON
PICCADILLY SINCE 1707
Our
PICCADILLY
PICCALILLI
delicious with English cheeses
and all sorts of savoury pies

RARE TEA LIST
DARJEELING 125g 250g 500g
1st Flush
Maharani £16.50 £33.00 £66.00
2nd Flush
Bannockburn GFOP £12.50 £25.00 £50.00
Jungpana £15.75 £31.50 £63.00
Raritat TGFOP1 £6.00 £12.00 £24.00
Okayti Gold £20.00 £40.00 £80.00
White
Darjeeling £18.75
ASSAM
Hazelbank TGFOP1 £7.25 £14.50 £29.00
Mohokutie £7.50 £15.00 £30.00
CEYLON
Shawlands £5.00 £10.00 £20.00
Uda Radella £5.75 £11.50 £23.00
Lover's Leap £5.75 £11.50 £23.00
Organic Green Ceylon £8.00 £16.00 £32.00
White
Ceylon Silver Tips £25.00 £50.00
OOLONG 125g 250g 500g
Formosa Jade £24.00 £48.00 £96.00
Burnside £12.50 £25.00 £50.00
Margaret's Hope £15.95 £31.90 £63.80
Singbulli £12.75 £25.50 £51.00
CHINA
Keemun
Grand Keemun FOP £6.00 £12.00 £24.00
Keemun Mao Feng £8.75 £17.50 £35.00
Yunnan
Yunnan FOP £6.00 £12.00 £24.00
Yunnan Pu-Erh £8.50 £17.00 £34.00
Fancy Leafed Green Tea
Golden Tips £13.50 £27.00 £54.00
Lapsang Souchong £7.50 £15.00 £30.00
Sticky Rice £9.95 £19.90 £39.80
Osmanthus £6.50 £13.00 £26.00
Butterfly in Love £14.95 £29.90 £59.80
Mini Tuocha £10.00 £20.00 £40.00
Rolling Cloud £17.50 £35.00 £70.00
Pi Lo Chun £10.00 £20.00 £40.00

Ein Gespräch mit Jonathan Miller

Chefeinkäufer von Fortnum & Mason

56 *jams and marmelades*, welche ist denn nun die beste?

Das kommt auf Ihren persönlichen Geschmack an. Es ist aber garantiert für jeden etwas dabei. Wir haben gerade erst alle Rezepturen überarbeitet, lange getüftelt, um das Aroma der einzelnen Früchte optimal zur Geltung zu bringen. Dafür verwenden wir beispielsweise bis zu fünf verschiedene Zuckersorten in einer einzigen Marmelade. Orangen-Marmelade gewinnt einfach an Tiefe und Intensität durch die Verwendung von Rohrzucker. *Nonpareil with Muscat de Beaumes de Venise* ist mein persönlicher Favorit. Die Orangenstückchen werden dafür in frischem Orangensaft eingekocht, das ergibt einen intensiven, sehr lang anhaltenden Geschmack, man scheint ihn noch Stunden später auf der Zunge präsent zu haben.

Wahrscheinlich können Sie uns zu jedem Produkt so viele Details berichten?

Nicht zu allen, aber in jeder Abteilung gibt es ein besonderes Highlight. Unsere *Macadamia Nut Bisquits* zum Beispiel, etwas ganz Besonderes, sehr dunkle Schokolade, aber dennoch zart und überhaupt nicht mächtig. Sie werden von einer kleinen Manufaktur nach unseren Vorgaben exklusiv hergestellt.

Und bei den Tees?

Unser Royal Blend ist der klassische English Breakfast Tea. Man fängt ja beim Tee morgens mit den kraftvollen Aromen an. Am Abend wählt man etwas Feineres, zum Beispiel einen zarten Earl Grey. Da halten wir natürlich eine ganze Reihe unterschiedlicher Gewächse bereit.

Was ist aus Ihrer Sicht die besondere Spezialität von Fortnum & Mason?

Wir sind vielleicht besonders gut in großen Dingen, sehen Sie diese riesige Bonbonniere mit Champagner-Trüffeln. Aber wir sind auch gut in kleinen Dingen und eigentlich auch in allem, was dazwischen liegt.

Cheese and Fortnum's Takeaway
Hot Food

☞ Hampers

Dining al fresco gehört seit jeher zum größten Vergnügen der Briten. Die wunderschöne südenglische Landschaft und die herrlichen Parks laden förmlich zu einem Picknick ein. Fortnum & Mason ist die Institution für Picknick-Utensilien. Das Angebot reicht von kleinen, mit Süßigkeiten gefüllten *children hampers* bis zum 5 000 Pfund teuren *imperial hamper*, der kaum von zwei kräftigen Männern getragen werden kann. Komplett bestückte Picknick-Körbe lassen sich bei Fortnum & Mason von einem Tag auf den anderen bestellen. Oder sie decken sich in den Foodhalls spontan mit köstlichen Sandwiches, Pasteten und Früchten ein. Das passende Picknick-Plätzchen findet sich gleich um die Ecke im Green Park. Betreten des Rasens ist hier, wie überall in England, ausdrücklich erlaubt.

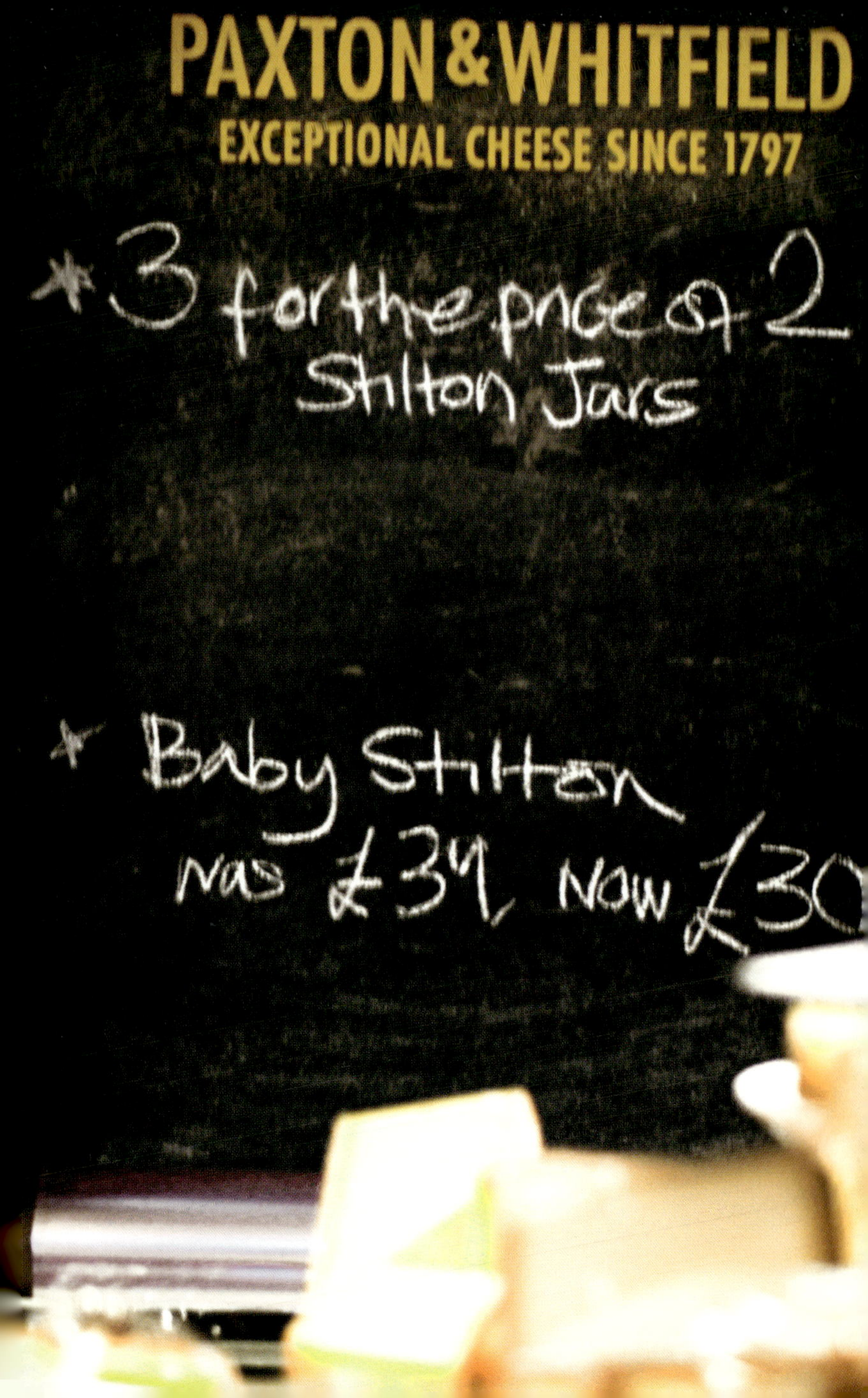
PAXTON & WHITFIELD
EXCEPTIONAL CHEESE SINCE 1797
* 3 for the price of 2
Stilton Jars
* Baby Stilton
was £34 now £30

PAXTON & WHITFIELD

In der Jermyn Street, unweit der edlen britischen Private Clubs der Pall Mall und dem Londoner Wohnsitz von Prince Charles St. James Palace, findet man neben den renommiertesten Herrenausstattern einen weiteren unentbehrlichen Laden für jeden Gentleman. Paxton & Whitfield, Londons bester Käse-Shop. Seit 1797 an der gleichen Stelle, belieferte er schon Königin Victoria und veranlasste Winston Churchill zu der Feststellung: *A Gentleman only buys his cheese at Paxton & Whitfield*. Neben dem feinsten englischen Cheddar und Stilton gibt es hier auch eine kleine Auswahl europäischer Käse, im eigenen Keller verfeinert und auf den Punkt gereift.

Paxton & Whitfield Adresse: 93 Jermyn Street, London – St. James
Tel: 0044 (0)20 79300259 Internet: www.paxtonandwhitfield.co.uk
Öffnungszeiten: Montag – Samstag 9.30 – 18.00 Uhr

PAXTON & WHITF
EXCEPTIONAL CHEESE SINCE
*3 for the price o
Stilton Jars

Ein Gespräch mit Rhuaridh Buchanan

Affineur bei Paxton & Whitfield

Wie kommt ein junger Mann wie Sie dazu, sich so intensiv mit Käse zu beschäftigen?

Ich habe meine Karriere in einem Spitzenrestaurant in Schottland begonnen und war dort im Service für den Käsewagen verantwortlich. Die Käse musste ich dafür eigenverantwortlich einkaufen und ihre Qualität und Reife einschätzen lernen, so ist mein Wissen und meine Leidenschaft langsam gewachsen.

Käse erlebt in England zurzeit einen echten Boom.

Wir Engländer haben Käse schon immer gemocht, aber gerade jetzt gibt es eine Menge kleiner Produzenten, die phantastische Produkte herstellen. Früher haben sich Aussteiger einen Weinberg im Bordeaux gekauft, jetzt gründen sie in Kent eine Käsefarm.

Wer kauft bei Ihnen ein?

Wir beliefern viele Londoner Spitzenrestaurants. Hierher in den Laden kommen natürlich Käseliebhaber aus aller Welt, aber wir haben auch viele Kunden aus der Nachbarschaft, die kennen Paxton schon aus ihren Kinderjahren, und heute, im hohen Alter, schauen sie immer noch täglich auf ein kleines Schwätzchen vorbei.

RKET
Restaurant
ND FUNCTION
Monmou
Opening Times
Monday-Saturday
7.30am-6pm

SMART TRAVELLING

GUT ZU WISSEN

London ist groß, darum ist dieser Infoteil so klein. Hier erfahren Sie nicht alles und jedes, sondern genau das, was Sie für ein perfektes Wochenende brauchen. Wenige, aber genau die richtigen Informationen: Wissenswertes über die englische Lebensart, eine kleine subjektive Auswahl an Sehenswürdigkeiten, Spaziergängen und Tipps für Unternehmungen am Sonntag.
Dazu einen Stadtplan mit all unseren Lieblingsadressen, damit Sie nicht lange suchen müssen, sondern gleich anfangen können London zu genießen.

ENGLISCH FÜR ANFÄNGER

Bitte, Danke, Hallo und Guten Tag. Das ist unsere knappe deutsche Basis-Ausstattung in Sachen Höflichkeit. In England ist das anders. *Politeness* ist hier oberstes Gebot. Wer den stets zuvorkommenden Umgangston nicht einhält, outet sich als Barbar vom Kontinent und wird grausam gesnobt. Lassen Sie es nicht so weit kommen, prägen Sie sich bereits vor der Abreise die wichtigsten englischen Benimm-Regeln ein. Auch wenn die Floskeln teilweise hohl und übertrieben wirken, in der Hektik des Londoner Alltags haben sie eine wichtige Funktion. Die Engländer halten dadurch in fast jeder Situation die gewünschte Distanz zu ihren Mitmenschen. So vermeiden sie durch Kleinigkeiten ausgelöste Konflikte und Reibereien. Auch wenn es nicht immer ehrlich gemeint ist, das Leben wird durch *A pleasure to meet you* einfach angenehmer.

1. Abstand

Engländer halten Abstand, mit Worten und mit Taten. Auch zu Rush-Hour-Zeiten in der U-Bahn wird man niemals angerempelt. Wenn sich zwei Fremde dennoch versehentlich berühren, beteuert jeder von ihnen automatisch: *I am sorry about that,* auch wenn nicht klar ist, wer wem auf den Fuß getreten ist. Der kurze Satz löscht den unangenehmen Vorfall gleichsam aus, man kann, ohne sich über den Unbekannten zu ärgern, mit einem Lächeln auf den Lippen weitergehen. *I am sorry about that* kann man eigentlich in jeder Situation sagen, es passt einfach immer und weist einen als entwicklungsfähigen Wilden aus.

2. Schlange stehen

Auch das ist keine Legende, sondern Realität. Sobald mehr als eine Person an einer Kasse oder Bushaltestelle wartet, wird eine Schlange gebildet. Diese Gepflogenheit ist keineswegs albern, sondern ungeheuer entspannend, jede wartende Person weiß, dass sie nach einer angemessenen Zeit an der Reihe sein wird. Sollten Sie sich über die Reihenfolge nicht sicher sein, fragen Sie einfach die scheinbar letzte Person: *Sorry, are you queuing,* Entschuldigung, stehen Sie hier an. Unnötig zu erwähnen, dass *Jumping the queue,* vordrängeln, zu den Todsünden des britischen Benimm-Kodexes gehört.

3. Begegnungen

Sollten Sie jemanden kennen lernen, was wir bei einem perfekten Wochenende stark hoffen wollen, stellen Sie sich bitte immer mit Namen vor. Bei privaten Begegnungen reicht der Vorname. *Hello, I am Gerd.* Anschließend haben Sie eine große Wahlmöglichkeit Ihre Freude über die Begegnung auszudrücken. Hier nur einige Beispiele: *Nice to meet you. Lovely to meet you. A pleasure to meet you.*
Die Hand brauchen Sie Ihrer neuen Bekanntschaft übrigens nicht zu geben, Sie wissen es ja bereits, Engländer halten gerne Distanz. Am Schluss heißt es dann wieder *It has been a pleasure to meet you* oder Ähnliches, und so geht das immer weiter.

4. Wünsche, Fragen, Bitten

Egal was Ihr Begehren ist, äußern Sie es nie ohne ein paar höfliche Worte vorneweg:

Excuse me, would you mind passing me the newspaper, please?
Man entschuldigt sich also zunächst dafür, dass man die Person überhaupt anspricht, formuliert dann höflich die Frage und endet mit einer Bitte. Die Bitte allein genügt nicht, sie würde als Befehl empfunden werden. Da Engländer sich grundsätzlich nicht als Befehlsempfänger verstehen, wäre das extrem *rude,* unhöflich.

5. Londoner Taxifahrer

Ein Kapitel für sich. Hier sind besondere Regeln einzuhalten. Taxifahrer ist ein angesehener Berufsstand in London, ein *black cap driver* wird niemals einen Umweg fahren und Sie auch sonst in keiner Weise übervorteilen, dieses hohe Ethos hat er sich in der durchschnittlich 34 Monate dauernden, härtesten Taxi-Ausbildung der Welt erworben. Aber er erwartet auch einiges von Ihnen als Fahrgast: In der Regel hält man ein *black cap* auf der Straße an. Positionieren Sie sich möglichst in Richtung Ihrer gewünschten Fahrt, denn viele Fahrer vom alten Schliff lehnen es ab einen U-turn zu machen. Wenn der Wagen dann hält, lässt der Fahrer zunächst das Seitenfenster herunter, Sie sagen ihm, wohin Sie wollen, und erst wenn der Fahrer sein OK gibt, steigen Sie ein. Das Fenster wird wieder wichtig beim Bezahlen. Steigen Sie aus und begleichen Sie den Fahrpreis am Seitenfenster. *Black cap driver* hassen es, sich beim Kassieren den Rücken zu verdrehen.

MAHLZEITEN

Der Tag beginnt in England mit einem herzhaften Frühstück. Was die ganze Welt unter *English breakfast* versteht, wird hier schlicht *cooked breakfast* genannt. Es umfasst Eier, nach Belieben *fried,* als Spiegelei oder *scrambled,* als Rührei serviert, dazu *bacon*, frischer, leicht geräucherter oder gesalzener Schinken in ca. 0,5 cm dicken Scheiben knusprig ausgebraten, *sausages,* Würstchen, *baked beans*, weiße Bohnen in Tomatensauce, gegrillte Tomate, geröstete Champignons und *chips,* frittierte Kartoffelviertel. Dazu wird im Extremfall noch *black pudding,* gebratene Blutwurst in Scheiben und *kipper,* geräucherter Hering gereicht. Da dies den Kalorienbedarf jedes hart arbeitenden City Bankers übersteigt, wird das *cooked breakfast* fast nur noch am Wochenende als Brunch eingenommen. *Porridge* hingegen, ein Brei aus in Milch gekochten Haferflocken kommt neben *cereals*, Cornflakes, in allen Variationen bei vielen englischen Familien auf den täglichen Frühstückstisch.

Das typische Londoner *lunch* hat meist die Form eines Sandwiches, es stammt in der Regel aus einem Coffee Shop. Die Nummer 1 unter den vielen Coffee Shop-Ketten und sehr zu empfehlen ist *Pret A Manger*, variantenreich und immer frisch.

Am Nachmittag, also nach 12.00 Uhr, nimmt man gerne den *afternoon tea* ein. Wenn dazu *scones* und *clotted cream* gereicht werden, handelt es sich um *high tea*, der auch häufig mit *cucumber finger sandwiches* ergänzt wird.

Der schlichte Begriff *tea* umschreibt hingegen das normale englische Abendbrot im Kreise der Familie gegen 18.00 Uhr. *Tea* kann sowohl kalte als auch warme Speisen beinhalten.

Dinner ist ein mehrgängiges Abendessen zuhause oder im Restaurant, es ist üblich sich zum *dinner* umzuziehen. Die letzte Mahlzeit des Tages könnte das *supper* sein, ein leichtes Abendessen, das oft nach dem Theaterbesuch eingenommen wird.

RESTAURANTS

Essengehen in London will gelernt sein. Jedes Jahr gibt es mehr Restaurants und noch viel, viel mehr Gäste, die sie besuchen wollen. Darum sollten Sie möglichst weit im Voraus einen Tisch reservieren. Tun Sie es am besten jetzt gleich. Absagen können Sie immer noch. Wundern Sie sich nicht, dass man Ihnen am gewünschten Tag eine bestimmte Uhrzeit zuweist, viele beliebte Restaurants bieten *two settings* an, dabei wird jeder Tisch am Abend zweimal vergeben, einmal gegen 19.30 und einmal gegen 22.00 Uhr. Oft ist in der Rechnung schon eine *service charge* von 12,5% enthalten. Wenn Ihnen dieses Zwangs-Trinkgeld aufgebrummt wird, brauchen Sie wirklich nichts zusätzlich zu geben, ansonsten erwartet man 10% der Endsumme.

Bermondsey Market

Auch Caledonian Market genannt, in Gehweite der Tower Bridge auf der Südseite der Themse. Früher als Gauner- und Hehler-Markt verrufen. An vielen kleinen Ständen werden hier Silber, Schmuck und kleinere Antiquitäten feilgeboten. Kommen Sie so früh wie möglich, um 9.00 Uhr sind die besten Geschäfte schon gelaufen.

Bermondsey Square, London SE1
Freitag 4.00 – ca. 12.00 Uhr
U-Bahn: London Bridge

Portobello Market

Der bekannteste und größte Antiquitätenmarkt, im Herzen von Notting Hill. Die meisten Stände gehören spezialisierten Händlern und drängen sich links und rechts der Portobello Road, in Höfen und Galerien. Egal ob Art Déco, Zigarettenschachteln oder 70er-Jahre-Plattenspieler, hier finden Sie alles, was sich zu sammeln lohnt. Viele der kleinen Läden haben auch während der Woche geöffnet.

Portobello Road, London W11
Freitag und Samstag 7.30 – 17.00 Uhr
U-Bahn: Notting Hill Gate

East End Markets

Am Sonntag ist Markttag im East End. Er beginnt mit dem wundervollen Columbia Road Flowermarket, hier kann man die Londoner in ihrer Blumenliebe schwelgen sehen. Von hier geht es weiter zum Spitalfields Market, in der imposanten Halle des ehemaligen Obst- und Gemüse-Großmarktes werden *organic food*, Retro-Möbel sowie Schmuck, Taschen und Kleidung junger Designer angeboten. In den Cafés und Restaurants des modernen Anbaus kann man sich stärken, um dann auf den Brick Lane Market weiterzugehen, weniger zum Kaufen als zum Bewundern des bizarren Angebots aus Trödel und Alltagsgegenständen jeder Art, von der durchgesessenen 70er-Jahre-Couch bis zur Spitzenunterwäsche, einfach alles, was man brauchen könnte.

Columbia Road Market
Columbia Road, östlich der Ravenswood Street, London E2
Sonntags 8.00 – 13.00 Uhr
U-Bahn: Old Street

Spitalfields Market
Commercial Street und Brushfield Street, London E1
Montag – Freitag 10.00 – 16.00 Uhr

und Sonntag 9.00 – 17.00 Uhr
U-Bahn: Liverpool Street Station

Brick Lane Market
Brick Lane und Cheshire St., London E1
Sonntag 8.00 – 15.00 Uhr
U-Bahn: Aldgate East

Borough Market
Ein *must* für jeden ernsthaften Esser. An zahllosen Ständen bieten Produzenten aus ganz England ihr Angebot feil. Herrlicher *bacon*, Käse, Gemüse, Fisch, Austern, Kuchen und Brote. Immer ist auch etwas zum Sofortverzehr dabei. Das lockt am Wochenende Tausende von hungrigen Besuchern an. Vermeiden Sie die Massen, indem Sie früh kommen.

Borough Market
zwischen Southwark Street, Stoney Street und Bedale Street, London SE1
U-Bahn: London Bridge
www.boroughmarket.org.uk
Do 11.00 – 5.00 Uhr, Fr 12.00 – 18.00 Uhr, Sa 9.00 – 16.00 Uhr

SONNTAGS IN LONDON

Dim Sum
In China weiß man schon seit Jahrhunderten, dass es viel schöner ist, zehn unterschiedliche kleine Gerichte als ein großes zu essen. Dim Sum nennt sich die abwechslungsreiche und unterhaltsame Mahlzeit, die man vom frühen Morgen bis zum späten Nachmittag einnehmen kann. Sie besteht aus einer Vielzahl meist gedämpfter kleiner Speisen, die in Bambuskörbchen oder Schalen serviert werden. Traditionell werden Dim Sum in chinesischen Teehäusern serviert, in London gibt es dafür mehrere spezielle Restaurants, die idealen Anlaufstellen für einen sonntäglichen Brunch.

Da wäre zunächst das Royal China. Ganz in dunklem Lack gehalten erinnert es an die ausrangierte Kulisse eines alten James-Bond-Filmes. Aber keine Sorge, die Dim Sum sind geschmacklich absolut auf der Höhe der Zeit. Man bestellt pro Person zunächst circa 3–4 möglichst unterschiedliche Gerichte und kann die Reihe endlos fortsetzen.
Noch authentischer geht es im Chuen Cheng Ku zu, in Londons China Town mitten im West End gelegen. Wie in Hong Kong fahren hier Kellnerinnen mit beheizbaren Wagen um die Tische, sie halten an, präsentieren ihre Dim Sum und was gefällt, bleibt gleich da.

Royal China
13 Queensway, London
U-Bahn: Queensway
Tel: 0044 (0)20 72212535
Dim Sums: Täglich 12.00 – 17.00 Uhr

Chuen Cheng Ku
17 Wardour St., London W1
U-Bahn: Piccadilly Circus
Tel: 0044 (0)20 74371398
Täglich 11.00 – 24.00 Uhr

Ein Nachmittag im Prince Charles Cinema

London hat Hunderte von Kinos, das schönste und mit Sicherheit günstigste Kino-Erlebnis bietet das Prince Charles Cinema. Es ist mit dem derzeitigen Thronfolger weder verwandt noch verschwägert und liegt genau hinter dem für seine Kinos und Theater bekannten Leicester Square. Das Prince Charles Cinema ist so wie Kino eigentlich sein sollte, groß, gediegen, günstig, mit einem täglich wechselnden Programm, das nur aus Lieblingsfilmen besteht. Die Preise beginnen bei 1,50 Pfund, eine Tatsache, die sich eigentlich niemand wirklich erklären kann. Besonders beliebt sind die legendären Rocky Horror Picture Show und The Sound of Music-Vorstellungen. zum Mitsingen und Mitmachen. Das Publikum kommt dann zum Film passend verkleidet und bietet von Anfang bis Ende vollen Körpereinsatz.

Prince Charles Cinema
7 Leicester Place, London W2
Zugang vom Leicester Square neben dem Häagen-Dazs-Laden
Ticket Hot Line: 0044 (0)870 8112559
www.princecharlescinema.com
U-Bahn: Leicester Square

Ein Spaziergang an der Themse

Die Südseite der Themse hat sich in den letzten Jahren zu einem schönen Flanierweg mit vielen Attraktionen entwickelt. Der Spaziergang führt von der Westminster Bridge bis zur Tower Bridge und kann bei schnellem Schritt eine Stunde, mit vielen Zwischenstopps jedoch auch gut und gerne einen ganzen Sonntag in Anspruch nehmen.

Verschaffen Sie sich erst einmal einen Überblick mit einer Fahrt auf dem London Eye, dem futuristischen Riesenrad, das hier anlässlich des Milleniums aufgebaut wurde.

Ein Flug mit dem London Eye

Sind Sie schon einmal mit einem Riesenrad gefahren? Wenn nicht, wird es höchste Zeit. Das London Eye auf der Südseite der Themse, schräg gegenüber dem Houses of Parliament, gibt Ihnen die Chance dazu. Bis vor kurzem noch das größte Riesenrad der Welt, präsentiert es Ihnen London aus einer gigantischen Perspektive. Während einer Umdrehung, die genau 30 Minuten dauert, sehen Sie, wenn das Wetter will, alle Londoner Attraktionen von Buckingham Palace bis zur Tower Bridge, von Nelsons Column bis zur St. Paul's Cathedral. In den voll verglasten Kabinen fühlt man sich absolut sicher, so dass man das leichte angenehme Kribbeln im Bauch voll genießen kann.

London Eye
Riverside Building, County Hall
Westminster Bridge Road, London SE1 7PB

Schlendern Sie dann weiter auf das Film-Museum zu. Hier könnten Sie einen ersten Stopp einlegen, sich das Museum ansehen, Kinokarten für den Abend kaufen oder in den Kisten der Bookinisten stöbern, die ihre Stände hier am Ufer aufgestellt haben.

Weiter geht es an Restaurants mit vielen Terrassenplätzen vorbei in Richtung Tate Modern. Das Gebäude sollten Sie sich auf alle Fälle von innen ansehen. Wenn die Zeit nicht für eine Ausstellung reicht, lassen Sie sich zumindest einmal von den Rolltreppen durch das gigantische Bauwerk tragen. Ganz oben gibt es eine Cafeteria, sie ist immer gut besucht, aber Schlange stehen lohnt sich, denn es erwartet Sie ein herrlicher Blick über London, für den Sie im Restaurant des OXO-Towers ein paar Schritte weiter ein Vielfaches zahlen müssten.

Anschließend empfehlen wir eine Erkundung der zur Tate Modern führenden Fußgängerbrücke. Dann haben Sie die Wahl, besuchen Sie die originalgetreue Nachbildung von Shakespeares Globe Theater oder genießen Sie einfach die Aussicht und das sonntägliche Treiben auf dem weiteren Weg in Richtung Tower Bridge. Kurz hinter der – übrigens erst vor gut hundert Jahren erbauten Brücke – liegt Butler's Wharf, ein Teil des ehemaligen Hafens, mit kleinen Läden, Restaurants und dem Design Museum.

Ein Besuch in Hampstead

Hampstead, im Norden Londons gelegen, begann seine Kariere als Luftkurort im 18. Jahrhundert. Die verwinkelten Seitenstraßen und schmucken Häuser erwecken noch heute den Eindruck einer viktorianischen Kleinstadt. Seine Hügel und Steigungen haben es vor größeren Bausünden bewahrt. Hier in der Nähe des größten Londoner Parks, dem Hampstead Heath, siedelten sich Schöngeister seit jeher gerne an. Früher waren es Sigmund Freud, George Orwell und Agatha Christie, heute ist es der intellektuelle Teil der Londoner Upper Class. Schauspieler, Journalisten, Schriftsteller, aber auch Stars wie George Michael, Hugh Grant, David Bowie und Elton John. An der Hampstead High Street lässt es sich wunderbar frühstücken und auch am Sonntag einkaufen. Besorgen Sie sich bei Waterstone ein gutes Buch, bevor sie in Richtung Heath aufbrechen, der Park versorgt die Stadt mit Sauerstoff und seine Besucher mit Ruhe und beschaulichen Augenblicken. Beginnen Sie Ihren Spaziergang am westlichen Ende, am Parliament Hill, auch Kate Hill genannt, der klassische Platz, um Drachen steigen zu lassen. Bänke laden zum Sitzen ein und man hat eine schöne Aussicht auf die Stadt. Von hier aus geht es weiter zum stattlichen Kenwood House oder zu einer der kleinen Badeanstalten an den natürlichen Teichen. Im Sommer im Mens Pond oder im Ladies Pond zwischen Seerosen zu baden ist ein nicht zu steigerndes „Bohemien"-Naturerlebnis.

HIGHGATE CEMETERY

Westlich des Hampstead Heath liegt Highgate, bekannt für seinen Friedhof, oder besser gesagt seine Friedhöfe. Der östliche Highgate Friedhof ist für jedermann geöffnet, hierher pilgern Anhänger von Karl Marx, der unweit des Eingangs seine letzte Ruhestätte fand. Der westliche Teil ist seit 1975 für den normalen Publikumsverkehr geschlossen, er fing aufgrund fehlender Einnahmequellen an zu verwildern, okkulte Messen und allerhand bizarre Ereignisse sollen sich hier zugetragen haben, bevor die Friends of Highgate Cemetery eingriffen und Einhalt geboten. Unter der Führung eines ihrer ehrenamtlichen Guides kann der Westteil des Highgate Cemetery heute zum Glück wieder besichtigt werden. Die Tour ist wie ein Spaziergang durch eine Gruselfilm-Kulisse. Üppige Grabmäler und Statuen werden fast von Kletterpflanzen verschlungen, dicke Baumwurzeln überwachsen Wege und Steine, Moos und Blumen wuchern überall. Je tiefer man eindringt, umso schöner und unheimlicher wird die Szene. Schließlich kommt man zur Egyptian Avenue mit einst imposanten, jetzt verfallenen Mausoleen. Ohne Zweifel der Ort, an dem sich Bram Stoker für seinen Roman Dracula inspirieren ließ. Kalte Schauer sind garantiert. Es gibt wochentags eine Tour um 14.00 Uhr, für die man telefonisch Karten reservieren kann. Am Wochenende finden ohne Reservierung stündlich Touren ab 11.00 bis 16.00 Uhr statt. Wir empfehlen möglichst eine halbe Stunde im Voraus zu erscheinen. Die Zahl der Teilnehmer ist auf 12 begrenzt, Kinder ab 8 Jahre.

Highgate Cemetery
Swain's Lane, London N6 6PJ
Tel: 0044 (0)20 83401834
U-Bahn: Archway Station
von hier ist es ein Fußweg von ca. 15 Minuten
www.highgate-cemetery.org

DOCKLANDS, GREENWICH UND ZURÜCK

Die kleine Reise beginnt am U-Bahnhof Bank oder Tower Gateway. Dort steigen Sie in die Dockland Light Railway. Diese fahrerlose Hochbahn bringt sie tief in den Osten Londons zu den Docklands, den ehemaligen Hafenanlagen. Die Quais und Lagerhäuser, in denen Tee, Kaffee, Edelhölzer, Rum, Seide und Gewürze aus aller Welt lagerten und den Reichtum des britischen Empires begründeten, standen Mitte der 60er Jahre leer und verlassen da. Eine Dame namens Margaret Thatcher wollte sich das nicht länger mit ansehen. So wurde in den 80er Jahren ein großer Teil des Gebietes in einem gigantischen Bauvorhaben zu einem futuristischen neuen Stadtteil ausgebaut. Das Lieblingsprojekt der eisernen Lady wurde schon damals so kontrovers diskutiert wie später die Architektur vieler Gebäude, die hier entstanden sind. Urteilen Sie selbst, die kurze Rundfahrt macht es möglich. Sie endet an der Spitze der Isle of Dogs. Hier steigen Sie aus und können auf der anderen Seite der Themse schon das von Christoph Wren erbaute berühmte Ufer-Ensemble sehen. Ein kurzer Weg durch den Fußgängertunnel unter der Themse bringt Sie hinüber. Greenwich war lange Sitz der englischen Könige. Heinrich VIII. wurde hier geboren und baute den Hof aus. An der Stelle seines Palastes steht heute das Royal Naval College. Schlendern Sie durch das kleine Örtchen, an Sonntagen findet hier ein Flohmarkt statt, der sich großer Beliebtheit erfreut. Weiter geht es zu den herrlichen Parkanlagen. Auf einem Hügel, die Themse überblickend, sehen Sie schon von weitem das Royal Observatory, 1675 als Arbeitsplatz für den königlichen Hofastronomen erbaut. Hier wurden verbindliche Seekarten und Entfernungstabellen erstellt, nach denen Seefahrer auf allen Meeren sicher navigieren konnten. Bezugsgröße war der Standort dieses Teleskops in Greenwich, er wurde als Nullmeridian festgelegt. Dieser Längengrad, auf dem unsere Zeitzonen und alle anderen geografischen Berechnungen basieren, ist im Innenhof des Observatoriums durch einen Messingstreifen markiert. Zurück geht es per Boot vom Greenwich Pier aus direkt nach Central London in ca. 45 Minuten.

KEW GARDENS

Kew

PLANTS PEOPLE
POSSIBILITIES

Im Sommer, wenn es in der Stadt zu stickig wird, lohnt sich ein Ausflug nach Richmond zu den Kew Gardens, Londons Botanischen Gärten. Das riesige Areal umfasst Bäume, Pflanzen und Gewächse aus allen Teilen der Welt. Alleine 50 000 unterschiedliche Arten sind in den vier prachtvollen Glashäusern untergebracht, die im letzten Jahrhundert erbaut wurden. Einige der tropischen Gewächse stammen noch von den Reisen des Captain Cook. Wenn Sie sich an den Palmen, Rosen und Rhododendren satt gesehen haben, bietet Kew Gardens zahlreiche schattige Picknickplätze auf lauschigen Wiesen. Ein kleiner Ausflug aufs Land nur 30 U-Bahn-Minuten von der Londoner City entfernt.

U-Bahn: Kew Gardens
www.rbgkew.org.uk
Täglich ab 9.30 Uhr bis eine Stunde vor Sonnenuntergang
Eintritt: 13 Pfund

MODERNE UND ZEITGENÖSSISCHE KUNST IN LONDON

Tate Modern

Die Tate Modern ist eines der größten Museumsbauprojekte Englands und heute die führende Galerie moderner Kunst in London. Den Architekten Herzog & de Meuron ist es perfekt gelungen aus dem ehemaligen Kraftwerk eine großzügige Ausstellungsfläche für internationale Kunst von 1900 bis zur Gegenwart zu schaffen. Zu den Exponaten der ständigen Sammlung gehören unter anderem Arbeiten von Picasso, Warhol und Dalí. Einige Räume sind so groß, dass die Werke fast ein wenig verloren wirken. Die Galerie zeigt regelmäßig Sonderausstellungen, die sich zeitgenössischen Künstlern widmen. Der Eintritt zur ständigen Sammlung ist frei.

Eine neue Brücke verbindet übrigens den Bank district mit der Tate Modern und ein Café und Restaurant bieten einen wunderbaren Blick über London. Leider rechtfertigt das Essen die Preise nicht, aber ein Kaffee reicht ja auch.

Bankside
U-Bahn: Southwark + Blackfriars
Sonntag – Donnerstag 10.00 – 18.00 Uhr,
Freitag + Samstag 10.00 – 22.00 Uhr
Tel: 0044 (0)20 78878888
www.tate.org.uk/modern/

Institute of Contemporary Arts

Wenn Ihnen die Modern Tate nicht modern genug ist, machen Sie einfach einen Abstecher zum ICA, dem Institute of Contemporary Arts in der Nähe des Buckingham Palace. Es ist in den ehemaligen königlichen Stallungen untergebracht und umfasst zwei Galerien mit wechselnden Ausstellungen, zwei Kinos, ein Theater, einen erstklassigen Kunstbuch-Laden sowie ein kleines Restaurant und ein Café.

Das ICA ist dem Glauben an das Neue verpflichtet und präsentiert stets die aufregendsten jungen Künstler der Gegenwart, ungewöhnliche Filme und kontroverse Theaterstücke. Ein Besuch im ICA ist immer eine totale Erfrischung und ein durch und durch inspirierendes Erlebnis.

The Mall, London SW1Y
www.ica.org.uk
Täglich 12.00 – 20.15 Uhr geöffnet

Whitechapel Art Gallery

Seit 1901 ist die Whitechapel Art Gallery der wichtigste Anlaufpunkt für zeitgenössische Kunst im East End mit einem durchgehend spannenden Programm. Gezeigt wurden schon Ausstellungen von Nan Goldin, Jackson Pollock, Frida Kahlo und Pablo Picasso. Für die bedeutendsten britischen Künstler Gilbert & George, Lucian Freud, Peter Doig und Mark Wallinger ist die Whitechapel Art Gallery immer eine wichtige Anlaufstelle gewesen sich zu präsentieren.

80–82 Whitechapel High Street
U-Bahn: Aldgate
Mittwoch – Sonntag 11.00 – 18.00 Uhr, Donnerstag 11.00 – 21.00 Uhr
Tel: 044 (0)20 75227888
www.whitechapel.org

The Photographers' Gallery

Sie ist wichtigste Galerie für Photographie in London. Große Künstler wie Boris Mikhailov, Andreas Gursky, Richard Billingham und Rineke Dijkstra haben alle hier ihre Ausstellungen gehabt. Die Galerie gibt es seit 1971 und heute verteilt sie sich auf zwei Gebäude, wobei die Hausnummer 9 der hauptsächliche Ausstellungsraum ist. Dazu gehört noch ein gut sortierter Buchladen und ein nettes Café mit Blick auf die Arbeiten, was eine willkommene Abwechslung zu den mc costabuckneros in der Umgebung bietet. Der Eintritt ist frei.

5+8 Great Newport Street
U-Bahn: Leicester Square
Montag – Samstag 11.00 – 18.00 Uhr,
Donnerstag 11.00 – 20.00 Uhr,
Sonntag 12.00 – 18.00 Uhr
Tel: 0044 (0)20 78311772-201
www.photonet.org.uk

White Cube Gallery

In dem strahlend weißen, von dem Architekten Claudio Silvestrin gestalteten Kubus am Hoxton Square befindet sich das „Headquarter" der jungen britischen Kunst. Diese vielleicht interessanteste der Londoner Galerien ist in Soho schon seit Jahren ansässig und vertritt alle, die auf dem internationalen Kunstmarkt Rang und Namen haben.

48 Hoxton Square
Sonntag + Montag geschlossen,
Dienstag – Samstag 10.00 – 18.00 Uhr
Tel: 0044 (0)20 79305373
www.whitecube.com

Saatchi Gallery

Ein Trommelwirbel zum Thema zeitgenössischer Kunst. Nach einer kurzen Pause eröffnet im Frühjahr 2008 die Saatchi Gallery neu in dem Duke of York's Hauptquartier an der Saatchi Gallery mit einer gigantischen Fläche, alle mit einer beeindruckenden Raumhöhe mit hochkarätigen Arbeiten zeitgenössischer internationaler Künstler. Charles Saatchi, ehemaliger Werbegigant, und sein Bruder Maurice alias „Baron" haben in der Kunstszene Künstler wie Damien Hirst, Tracy Emin, Jörg Immendorff und Franz Ackermann mit groß gemacht. Doch ihre mächtige Präsenz auf dem Kunstmarkt ist auch umstritten. Schlagzeilen machten sie 2004 mit dem Verkauf des berühmten Tigerhai in Formaldehydlösung. Der Künstler Damien Hirst wurde damit zu dem zweitteuersten Künstler weltweit und die Saatchis strichen dabei knapp 10 Millionen Gewinn ein. Charles Saatchi ist mit der charmanten Nigella Lawson verheiratet, die mit ihren Kochbüchern sämtliche Küchen und Herzen der Männer weltweit eroberte. Der Buchladen und das Café in den strahlend weißen Räumlichkeiten sind allein schon einen Besuch wert. Eintritt frei.

Saatchi Gallery
Duke of York's headquarter
Kingsroad – Chelsea
www.saatchi-gallery.co.uk

National Portrait Gallery

Etwas versteckt hinter dem Trafalgar Square liegt die National Portrait Gallery. Hier hängen Malereien, Stiche, Zeichnungen und Fotografien von Personen, die für England eine große, mittlere und manchmal auch nur kleine, aber entscheidende Rolle spielten. Über 1000 Portraits von Königen, Dichtern, Malern, Forschern und Entdeckern bis hin zu Popstars und Fußball-Idolen. Das ideale Ziel für einen gemütlichen verregneten Nachmittag.

National Portrait Gallery
St Martin's Place, London WC2H OHE
Tel: 0044 (0)20 73122463
www.npg.org.uk
Täglich 10.00 – 18.00 Uhr,
Donnerstag und Freitag bis 21.00 Uhr

SIR JOHN SOANE'S MUSEUM

13 LINCOLN'S INN FIELDS · LONDON WC2A 3BP

TELEPHONE: 020 7405 2107 FACSIMILE: 020 7831 3957

Sir John Soane's Museum

Es ist so, als wäre man bei einem sammelwütigen Gelehrten aus dem vorletzten Jahrhundert zu Gast. Der große Architekt der Regency-Ära und Erbauer des Gebäudes der Bank of England hat sein Wohnhaus im Herzen Londons nach seinem Tode der Stadt als Museum vermacht. Mit ihm eine beeindruckende Ansammlung von Kunst, Antiquitäten, Statuen und historischen Ausgrabungen aller Epochen. Raum für Raum entdeckt man die Schätze des Sir John und entwickelt eine tiefe Sympathie für den manischen Sammler von schönen Dingen aus allen Winkeln der Welt. Größe war für ihn kein Hindernis, so findet sich im Keller unter anderem ein riesiger ägyptischer Sarkophag. Das Sir John Soane's Museum ist eines der kleinsten, aber sicher auch eines der schönsten Museen Londons.

13 Lincoln's Inn Fields, London
WC2A 3BP
www.soane.org
Dienstag – Samstag 10.00 – 17.00 Uhr
Eintritt frei

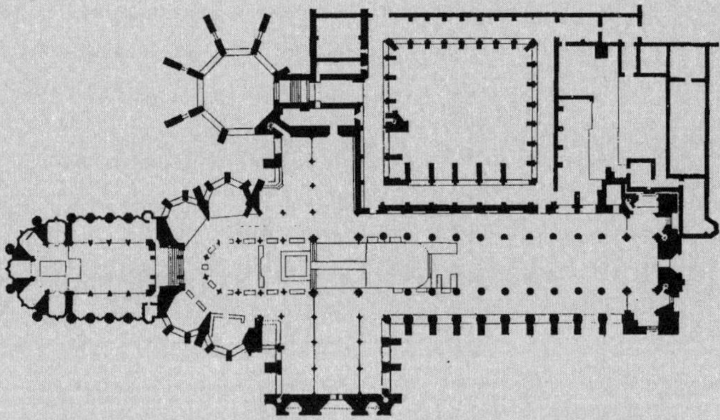

London hat zahllose beeindruckende Bauwerke, die man unmöglich an einem einzigen Wochenende besichtigen kann. Zum Glück müssen Sie sich nicht entscheiden, denn wir haben für Sie Westminster Abbey ausgewählt, die größte und wichtigste Kirche Englands. Hier wurden seit Wilhelm dem Eroberer fast alle Könige gekrönt und zu Grabe getragen. Die Bilder, Statuen und Grabplatten erzählen die bluttriefende Geschichte Englands. Ermordete Königskinder liegen gleich um die Ecke von Elisabeth I. und der von ihr zum Tode durch das Beil verurteilten katholischen Halbschwester Mary Stuart. Grausame Schicksale im Rahmen großartiger gotischer Architektur. Wesentlich friedlicher geht es in dem wunderschönen angrenzenden Kreuzgang zu, den Sie nach einem ausführlichen Rundgang durch die Abbey unbedingt noch besuchen sollten.

Westminster Abbey liegt neben dem Parliament Square, gegenüber dem Houses of Parliament.
www.westminster-abbey.org
Wochentags 9.30 – 15.45 Uhr,
Samstag 9.30 – 13.45 Uhr,
Sonntag keine Besichtigungen, nur Gottesdienste
Die Öffnungszeiten variieren, bitte vorsichtshalber auf der Website checken.

BBC PROMS

Sollten Sie das Glück haben, in der Zeit von Mitte Juli bis Mitte September in London zu sein, darf ein Besuch bei den legendären BBC Proms nicht fehlen. Die Proms, Promenaden-Konzerte, finden täglich in der Royal Albert Hall in Kensington, direkt am Hyde Park statt. Tickets für die Sitzplätze kann man vorbestellen, es gibt jedoch auch 1 000 Stehplätze im Parkett, aus dem die Stuhlreihen für die Proms ausgebaut werden. Einige dieser Stehplatz-Karten werden ausschließlich am Tag des Konzertes an der Kasse der Royal Albert Hall verkauft. Für den Preis von 5 Pfund kommt man in den Genuss des weltweit anspruchsvollsten Konzertprogramms. Alles, was in der klassischen Musik Rang und Namen hat, fühlt sich geehrt, vor dem Proms-Publikum spielen zu dürfen, von den Pianisten Lang Lang und Evgeny Kissin, bis hin zu den Berliner Philharmonikern und den Londoner Sinfonikern. Die Atmosphäre ist trotz der riesigen Dimensionen der Albert Hall herzlich und sehr persönlich.

„POWERSHOPPEN"

Wer nur kurz in London ist und nicht seine ganze Zeit in Shoppen investieren möchte, sollte sich gleich auf die drei wichtigsten Kaufhäuser der Stadt konzentrieren. Sie bekommen dort an einem Ort wirklich alles, was in London sonst auf unzählige Läden und viele Viertel verteilt ist. Das Angebot der Kaufhäuser in London ist mit den unsrigen nicht zu vergleichen. Sie sind wegen der internationalen Kaufkraft vom Angebot her um ein Vielfaches moderner und viel weniger kommerziell, da in London sich für jeden noch so jungen Designer immer noch genügend Käufer finden.

Harvey Nichols

Der Modetempel Harvey Nichols ist eine britische Institution und arbeitet schon seit 1813 vom schicken Londoner Stadtteil Knightsbridge aus an seinem unbestrittenen Ruf, das beste Modekaufhaus der Stadt zu sein. Kollektionen aller exklusiven Modemarken, die neuesten Kosmetikmarken und die angesagtesten Accessoires ermöglichen berauschende Kaufexzesse auf konzentriertem Raum. Für die Stärkung zwischendurch ist gesorgt: Im Gourmet Markt, dem Café oder Restaurant kommen erschöpfte Käufer wieder zu Kräften.

109–125 Knightsbridge
U-Bahn: Knightsbridge oder
Hide Park Corner
Tel: 0044 (0)20 72355000
Montag – Samstag 10.00 – 20.00 Uhr,
Sonntag 12.00 – 18.00 Uhr
www.harveynichols.com

Selfridges

Eines der best sortiertesten Kaufhäuser Londons. Alle Marken – auch die ganz jungen Designer – sind übersichtlich ausgestellt. Ideal für denjenigen, der sich einen schnellen Gesamtüberblick über aktuelle Trends und Kollektionen verschaffen will, ohne durch alle kleinen Läden zu tingeln. Gerade dann, wenn man etwas ganz Bestimmtes sucht, findet man es entweder hier oder gar nicht. Zwischen den Einkäufen kann man sich an der coolen Sushi-Bar stärken.

400 Oxford Street
U-Bahn: Bond Street
Montag – Samstag 10.00 – 19.00 Uhr,
Sonntag 12.00 – 18.00 Uhr,
Donnerstag 9.30 – 21.00 Uhr
Tel: 0044 (0)20 76291234
www.selfridges.com

Liberty

Das alte Fachwerkgebäude des Liberty erstrahlt nach der Renovierung wieder im neuen alten Glanz. Dieses Kaufhaus ist berühmt für sein beeindruckendes Stoffangebot mit den schönen Blümchenmustern. Einen Namen hat sich das ehrwürdige Haus auch mit der Unterstützung junger Designer gemacht. Um neuen Talenten eine kommerzielle Plattform zu bieten, werden regelmäßig Modenschauen organisiert und Förderpreise vergeben.

Regent Street, Soho
U-Bahn: Oxford Circus
Montag – Donnerstag 10.00 – 21.00 Uhr, Freitag + Samstag 10.00 – 20.00 Uhr, Sonntag 12.00 – 18.00 Uhr
Tel: 0044 (0)20 77341234
www.liberty.co.uk

Wo der Londoner einkaufen geht

Regent Street/Jermyn Street

Die Regent Street ist eine wunderbare Einkaufsmeile mit einer hervorragenden Auswahl an Modegeschäften der mittleren Preisklasse. Dazu gehören einige der ältesten und bekanntesten Läden der Stadt. Die Jermyn Street ist seit langem berühmt für ihre Herrenausstatter, insbesondere für die Hemdenmaßschneider.

Knightsbridge

Besucher aus der ganzen Welt strömen auf die Brompton Road, um die prächtigen Geschäfte und Warenhäuser zu sehen. Hier liegen Sie genau richtig, wenn Sie auf der Suche nach angesehenen Marken und topaktuellen Trends der weltweiten Fashion-Elite sind. Die Fulham Road bietet auch eine interessante Auswahl. Hier sind die großen Flagship Stores, unter anderem von der bekannten Londoner Kultmarke „Joseph".

Bond Street

Wenn Sie ein bekanntes Designerlabel suchen, dann ist die Bond Street der ideale Ort, um alle Marken aufgereiht nebeneinander abzulaufen. Berühmte Persönlichkeiten gehen in diesem exklusivsten Einkaufsviertel Londons gern und oft auf Shopping-Tour. Unweit davon befindet sich auf der South Molton Street der Designertempel „Browns" mit einigen Geschäften zu unterschiedlichen Modethemen und Preisklassen.

Notting Hill

Wer die interessanten und weniger kommerziellen Designer wie Paul Smith und Emma Hope oder szenige Concept Stores wie Feathers und Matches besuchen möchte sowie originalgetreue Kleidung aus vergangenen Jahrzehnten und noch dazu eine entspannte Atmosphäre liebt, ist in Notting Hill richtig angekommen. Hier finden Sie eine gute Auswahl auf der Westbourne Grove und Ledbury Road.

Soho

In Soho konzentrieren sich die interessanteren Geschäfte auf der Monmouth Street und Broadwick Street.

PAUL SMITH, DER BRITISCHE KULTDESIGNER MIT DEM AUGENZWINKERN

Jeder liebt ihn, Paul Smith. Zumindest für alle Kreativen und Intellektuellen bleibt Paul Smith das ewige Idol für lässigen Stil, der nie steif wirkt. Sondern britisch, lässig, mit einem Talent für gekonnte Brüche: Rosafarbige Knopflöcher und wilde Futter auf und in perfekt sitzenden Nadelstreifenanzügen, geblümt gefütterte Manschetten am korrekten Oberhemd und nicht zuletzt

seine berühmten Streifen sind überall gegenwärtig. In der Welt des Paul Smith gibt es Mode für Damen, Herren und auch Kinder.
Die Kollektionen haben hier ihren stolzen Preis, doch der Besuch der Läden um die Kensington Park Road ist auch ohne Einkauf schon einen Besuch wert, da es auch gilt, die kuriosen Objekte des Ladeninterieurs zu bestaunen.

Shop – Mode
122 Kensington Park Road – Notting Hill
U-Bahn: Notting Hill Gate
Tel: 0044 (0)20 75899139
Filialen:
40–44 Floral Street + 9–11 Langley Court, U-Bahn: Covent Garden
7 The Courtyard, The Royal Exchange, U-Bahn: Bank
Montag – Samstag 10.30 – 18.30 Uhr
Tel: 0044 (0)20 77273553
www.paulsmith.co.uk

Paul Smith Furniture Shop
Die Liebe zu skurrilen und ausgefallenen Antiquitäten war bei Paul Smith nie zu übersehen. Schon immer mischte er schöne Objekte, alte Bücher und Landkarten in die Auslagen seiner Läden. Doch endlich gibt es einen Laden, wo seine Sammelleidenschaft nicht nur einen öffentlichen Ort der Bewunderung hat, sondern die schönen Objekte endlich auch zu erwerben sind. Die Vielfältigkeit reicht von Schmuck über Bilder, Möbel und Kleidung und das Besondere ist, dass alles Unikate sind.

9 Albemarle Street
U-Bahn: Green Parl + Bond Street
Montag – Samstag 10.00 – 18.00 Uhr
Tel: 0044 (0)20 74934565
www.paulsmith.co.uk

BÜCHER STÖBERN IN DER BLENHEIM CRECENT IN NOTTING HILL

The Travel Bookshop
In einer Seitenstraße der Portobello Road in Notting Hill liegt dieser Fundus für Reisebuchfans. In dem kleinen, verwinkelten Laden werden Sie nicht nur kompetent und freundlich beraten, sondern Sie finden wirklich das gesamte Sortiment im englischsprachigen Reisebuchmarkt. Das gemütliche Schaufenster mit dem Bänkchen verrät eigentlich schon alles.

13–15 Blenheim Crescent
U-Bahn: Ladbroke Grove +
Notting Hill Gate
Montag – Samstag 10.00 – 18.00 Uhr,
Sonntag 12.00 – 17.00 Uhr
Tel: 0044 (0)20 72295260
www.thetravelbookshop.com

Books for Cooks
Seit Jahren eine Institution und der erste Anlaufpunkt für besondere Kochbücher. Leider sind die Öffnungszeiten nicht deckungsgleich mit anderen Läden, so kann man auch mal schnell vor verschlossener Tür stehen. Im Haus werden auch Kochkurse angeboten.

4 Blenheim Crescent
U-Bahn: Ladbroke Grove +
Notting Hill Gate
Dienstag – Samstag 10.00 – 18.00 Uhr,
Sonntag und Montag geschlossen
Tel: 0044 (0)20 72211992
www.booksforcooks.com

PERSÖNLICHKEITEN

Es fällt schwer sich für eine bestimmte Persönlichkeit in London zu entscheiden, es gibt einfach zu viele. Hier eine kleine Auswahl:

David Beckham – Fußballspieler
Orlando Bloom – Schauspieler
David Bowie – Musiker
Neville Brody – Grafikdesigner
Naomi Campbell – Model
Charlie Chaplin – Komiker, Regisseur
Ian Fleming – Schriftsteller
Hugh Grant – Schauspieler
Alfred Hitchcock – Regisseur
Jude Law – Schauspieler
Kate Moss – Model
Elizabeth Taylor – Schauspielerin
Edgar Wallace – Schriftsteller
Amy Winehouse – Soulsängerin
Virginia Woolf – Schriftstellerin
Emma Watson – Schauspielerin
Jamie Oliver – Koch
Elton John – Musiker

FILMTIPP

Notting Hill
Regie: Roger Michel, mit Julia Roberts und Hugh Grant, Komödie aus dem Jahre 1999

Seien Sie mal ehrlich. Das romantische Liebesdrama ist doch am schönsten, um sich auf Londons angesagtestes Viertel Notting Hill einzustimmen.

Der sympathische Buchhändler William glaubt seinen Augen nicht, als eines Tages der Hollywood-Star Anna Scott ausgerechnet seinem Laden im Londoner Stadtteil Notting Hill einen Besuch abstattet. Angezogen von der Normalität in Williams Leben entspannt sich allmählich zwischen der Kinoprinzessin und dem schüchternen Single eine zarte Liebe. Doch nicht nur die scheinbar unvereinbaren Welten, auch das plötzliche Auftauchen von Annas Freund stellen die ohnehin kaum für möglich gehaltene Beziehung auf eine harte Probe.

BUCHTIPP

Ronald Reng, Gebrauchsanweisung für London, Piper Verlag

„London ist sehr billig. – Wenn man Fußballklamotten kaufen will“. Das liegt daran, „dass Fußball in England eine Art Grundnahrungsmittel ist, das für jeden erschwinglich sein muss“. Ronald Reng lässt andere erzählen, obwohl er selbst genug zu erzählen hätte über die Stadt, die er am liebsten nie verlassen würde. Von der Immigrantin, die als Kindermädchen arbeitet, bis zum Szene-Fotografen, dem es in Berlin zu dunkel und in New York zu anstrengend ist, kommen Londoner zu Wort. Es ist zum Heulen, es ist zum Lachen.

Tourist office:
Britain Visitor Center
1, Lower Regent Street, SW1
Öffnungszeiten:
Dienstag – Freitag 9.00 – 18.30 Uhr,
Montag ab 9.30 Uhr,
Samstag und Sonntag
10.00 – 17.00 Uhr
www.londontouristboard.com

City Websites:
www.visitlondon.com
www.timeout.com/london

Telefonieren:
Großbritannien: 0044
London: (0)20

Transport Flughafen:
Heathrow:
Heathrow Express / Paddington
Station: ca. 15 min. / £ 20
Gatwick:
Gatwick Express / Victoria Station:
ca. 30 min. / £ 25
Stansted:
Stansted Skytrain / Liverpool
Station: ca. 40 min. / £ 25

mit dem Taxi ins Zentrum:
ca. £ 70–100

Taxiruf:
0044 (0)20 72720272

Fahrrad ausleihen:
Victoria Station
Platform 7
Tel: 0044 (0)20 78289898

Stadtmagazin:
Time Out London

MEIN PERFEKTES WOCHENENDE

Freitag:

Samstag:

Sonntag:

NOTIZEN

Belstaff u. a. New Bond Street/
Conduit Street
Nähe Oxford Street

NOTIZEN

NOTIZEN

NOTIZEN

NOTIZEN

NOTIZEN

GUTSCHEIN FÜR EINE PROBEMITGLIEDSCHAFT

Die Buchreihe „Ein perfektes Wochenende in …" wird herausgegeben vom Online-Cityguide www.smart-travelling.net. Hier finden Sie viele weitere ungewöhnliche Adressen für über 25 europäische Städte. Tipps für Shops, Galerien, Hotels, Snacks und Restaurants. Smart Travelling zeigt nicht alles und jedes, sondern sucht nach dem Authentischen und Besonderen, nach Orten, die das Flair einer Stadt ausmachen und uns immer wieder empfangen wie ein guter Freund.

Werden Sie bei unserem Online-Cityreiseguide www.smart-travelling.net kostenlos Probemitglied für drei Monate. Klicken Sie auf den ersten Schlüsselbutton (Gutschein einlösen) der Homepage und geben Sie im Schritt 2 das folgende Passwort ein:

LO20071-3X897C

www.smart-travelling.net